맥주
이야기만 합니다

맥주 이야기만 합니다

초판 1쇄 인쇄 2024년 8월 5일
초판 1쇄 발행 2024년 8월 23일

지은이 염태진
펴낸이 이범상
펴낸곳 (주)비전비엔피 · 애플북스

책임편집 한윤지
기획편집 차재호 김승희 김혜경 박성아 신은정
디자인 김혜림 최원영 이민선
마케팅 이성호 이병준 문세희
전자책 김성화 김희정 안상희 김낙기
관리 이다정

주소 우) 04034 서울특별시 마포구 잔다리로7길 12 (서교동)
전화 02) 338-2411 | 팩스 02) 338-2413
홈페이지 www.visionbp.co.kr
인스타그램 www.instagram.com/visioncorea
포스트 post.naver.com/visioncorea
이메일 visioncorea@naver.com
원고투고 editor@visionbp.co.kr

등록번호 제313-2007-000012호

ISBN 979-11-92641-41-6 03900

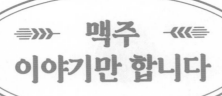

맥주
이야기만 합니다

잔에서 흘러넘친
맥주 인문학

염태진 지음

BeeR

애플북스

1장 맥주로 살아남기

콜레라에 감염된 도시에서 맥주로 살아남기 ● 10

옥토버페스트를 말할 때 우리가 독일 맥주에 대해 알아야
하는 것 ● 19

맥주로 살아남은 바이에른 공작 가문의 연대기 ● 29

사자는 왜 뢰벤브로이 맥주의 상징이 되었을까? ● 40

버드와이저 상표권을 둘러싼 백년 전쟁 ● 50

순수한 맥주의 나라 독일, 베를린에 부는
크래프트 맥주 혁명 ● 59

2장 맥주는 어떻게 역사가 되었을까

맥주의 도시에서 성장한 합스부르크 가문의 황제 카를 5세 ● 70

중요한 건 꺾이지 않는 마음,
크래프트 맥주의 모든 것은 메이택이 시작했다 ● 76

이것은 맥주 공룡의 이야기.
AB InBev가 맥주 공룡이 되기까지 ● 87

괴즈의 아버지, 아르망 데벨더 ● 99

3월 17일은 성 패트릭 데이, 그리고 기네스 이야기 ● 106

75년 만에 종이 레이블을 입은 벨기에 맥주는? ● 118

3장 알면 알수록 재미있는 맥주 유니버스

맥주가 맥주다운 이유, 홉의 레종 데트르 • 126

30년 만에 찾은 스타우트와 굴의 페어링 비밀 • 138

유럽의 술 마시는 집, 영국의 펍과 프랑스의 카페에 대하여 • 144

맥주만큼 흥미로운 맥주 캔의 역사 속으로 • 156

기네스의 역사는 광고와 함께 흐른다 • 165

무알코올 맥주도 취하나요? • 172

4장 한국 맥주의 뿌리를 찾아서

대한민국 크래프트 맥주 연대기 • 180

외세의 침략으로 시작된 한국 맥주의 비긴즈 • 186

박물관에서 보는 한국 맥주의 현대사 • 199

일본 논란이 일면 일본 맥주는 왜 불편할까? • 212

백이면 백, 맥주로 착각하는 오키나와의 루트 비어 • 227

5장 그 맥주의 사정

새해 복(Bock) 많이 드세요. • 240

이번 여름에는 세션 IPA입니다. • 252

가을이면 생각나는 트라피스트 맥주 • 257

지독한 겨울을 견뎌낼 수 있는 마법의 맥주 • 268

쌀 맛 나는 맥주의 사정 • 275

1장

맥주로 살아남기

콜레라에 감염된 도시에서
맥주로 살아남기

　중세 유럽에서 오염된 물 대신 맥주를 마셨다는 것은 잘 알려진 사실입니다. 물론 맥주 외에 와인이나 홍차, 커피 등도 마셨지만, 맥주에 관해서만 집중해 보겠습니다. 전 세계적으로 물을 그대로 마시는 나라는 많지 않습니다. 만년설이나 빙하를 녹여서 마시는 곳이거나 화강암이 자동으로 필터링해 주는 곳이 아니면 대부분 물은 끓여서 마셔야 했습니다. 중세 유럽에서 수돗물이나 우물에서 얻은 물을 직접 마시는 것은 위험한 일이었습니다. 물에 포함된 세균이나 바이러스, 기생충 등이 인체에 유해할 수 있으며, 이렇게 발생한 질병은 중세 유럽에서 매우 흔했습니다. 상하수도 시설도 제대로 갖춰지지 않았고, 우물에서 가축을 씻기거나 오물이 잔뜩 묻은

옷을 빨기도 했으니, 공동 우물의 수질을 깨끗하게 유지하기는 어려울 수밖에 없습니다. 그래서 중세 유럽인들은 물을 끓여 위험 물질을 제거해 마셨습니다. 또한 물 대신 맥주가 널리 소비되었는데, 이는 맥주가 물보다는 덜 위험하고 맛이 좋았기 때문입니다. 맥주를 만들려면 일단 맥아즙을 끓여서 사용해야 합니다. 게다가 맥주에 들어가는 재료 중 홉은 방부제와 안정제 역할을 합니다. 항균 효과도 있습니다. 물보다 맥주를 마셔서 다행이었던 사건이 있어 소개해 볼까 합니다. 전염병이 휩쓴 도시의 한가운데에서 맥주를 마시고 살아남은 이야기입니다. 때는 19세기 중반, 산업혁명으로 한껏 비대해진 도시 런던입니다.

18세기부터 19세기까지 이어온 영국의 산업혁명으로 런던은 급격한 변화를 겪습니다. 그중 하나가 많은 사람이 도시로 몰려드는 도시화와 그로 인한 도시의 불결한 위생 상태였습니다. 도시화로 런던의 인구는 빠르게 늘어갔고, 많은 사람이 협소한 공간에서 살았습니다. 런던의 인구는 1800년대에 백만 명 정도였는데, 1850년대에는 2백만 명에 이르렀습니다. 이때 런던의 면적도 $120km^2$에서 $300km^2$로 늘어났지만, 여전히 도시의 면적에 비해 터무니없이 많은 인구였습니다. 도시는 더러웠고 폐기물과 오물이 길거리에 던져지는 것이 일상이었습니다. 건물 간의 배수를 위해 상하수도 시설이 설치되긴 했지만 지금과는 달리 매우 불안정했고, 일부 지역에서만 제대로 작동했습니다. 대부분 지역에서는 하수가 직접 길가에 유출되었고 당연히 냄새와 오염이 심각했습니다. 도시의 하수가 처리되기 전에 오염 물질을 제거하기 위한 정화조는 그 수가 아주 부족했고, 그나마도 제대로 작동하지 않아 오염된 물이 바로 도시로 유입되었습니다. 이러한 불결한 위생 상태 때문에 질병과 전염병이 자주 창궐했습니다. 특히 19세기에는 몇 차례 콜레라가 대규모로 유행하면서 수많은 사람이 죽기도 했습니다.

콜레라는 장내 세균인 콜레라균에 의해 일어나는 질병입니다. 사람이 콜레라에 의해 감염된 물이나 음식물을 섭취하면 급성 설사와 구토가 발생합니다. 이것은 콜레라균이 장에서 세포로 흡수되는 수분을 막고, 거꾸로 세포에서 장으로 수분이 빠져나가게끔 하기 때문입니다. 콜레라균이 사람에게 전염되는 경로는 여러 가지가 있습니다. 대개 오염된 물이나 음식물 등을 통해 인체로 유입됩니다. 19세기에 런던에서 발생한 콜레라 대유행은 잘못 처리된 하수에 유입된 감염자의 대변 때문이었습니다. 콜레라균은 물속에서 오랫동안 생존할 수 있기 때문에 오염된 물을 마시는 경우에 쉽게 감염될 수 있습니다. 적절한 위생 수칙을 준수하고 안전한 식수와 음식물을 섭취하면 쉽게 예방할 수 있는 질병이지만, 이렇게 당연하게 예방할 수 있는 콜레라의 원인이 밝혀진 것은 고작 150여 년밖에 되지 않습니다. 그것도 존 스노라는 의사의 집요한 역학 조사와 강력한 설득이 있었기 때문입니다.

스노가 콜레라의 원인을 밝혀 내기 이전의 상황은 어땠을까요?

당시 대부분의 전문가들은 콜레라가 비위생적인 공간에서 발생하는 나쁜 공기, 즉 악취에 의해서 발생한다고 생각했습니다. 이것은 중세 시대부터 미신과 속설로 내려오는 설이었습니다. 당시에는 대부분이 질병의 원인이 도시의 나쁜 공기라는 '독기론'을 믿었지, 질병이 사람

존 스노(John Snow, 1813년 3월 15일~1858년 6월 16일)

에서 사람으로 전해진다는 '감염론'은 소수 사람들의 생각이었습니다. 게다가 감염론 추종자 중에서도 오염된 물이 사람에게 질병을 옮긴다고 생각한 사람은 한 명도 없었습니다. 스노가 질병의 원인이 물일 수도 있다는 가능성을 주장하기 전까지는 말입니다.

19세기 런던에서는 3차례의 콜레라 대유행이 있었습니다. 첫 번째 유행은 1831년부터 1832년까지, 두 번째 유행은 1848년부터 1849년까지, 세 번째 유행은 1853년부터 1854년까지 발생했습니다. 이 중 스노는 3차 대유행 시기에 활동했습니다. 3차 대유행 때는 처음 3일 동안 1백 27명이 사망했고, 열흘 후엔 사망자만 5백 명이 될 만큼 전파 속도가 빨랐습니다. 이 시기 스노는 지도를 활용한 통계적인 방법으로 콜레라의 발생 원인을 밝혀 내기 위해 고군분

투했습니다.˙ 스노는 런던 시내가 상세하게 표시된 지도를 구해 집집마다 돌아다니며, 콜레라에 감염된 환자의 집을 지도에 꼼꼼하게 표시했습니다. 그러다 하나의 공통점을 발견했습니다. 런던 소호 지역 브로드가에 있는 우물 근처에서 집중적으로 콜레라 사망자가 발생했다는 사실입니다. 스노는 이 우물물을 떠다 마신 사람들이 콜레라에 감염된 것이라 가정하고 조사를 이어 나갔습니다. 그런데 이상한 점이 있었습니다. 브로드가에 가까운 한 공장에서는 감염자가 한 명도 나오지 않은 것이었습니다. 또 주변의 맥주 양조장 직원들도 단 한 명도 감염되지 않았습니다. 조사 결과 공장 사람들만 마시는 우물이 따로 있었고, 양조장 직원들은 물보다 맥주를 마셨다는 사실이 밝혀졌습니다. 반대의 경우도 있었습니다. 브로드가 우물에서 6km나 떨어진 지역에서도 사망자가 발생했는데, 이 지역의 사망자는 평소 물 맛이 좋다고 브로드가의 우물에서 물을 받아 마셔 왔다고 합니다. 스노는 콜레라의 발병 원인이 브로드가 우물의 물이라고 확신했습니다.

그럼 브로드가의 우물은 어떻게 오염되었을까요? 계속된 역학조사에서 그 원인까지 밝혀졌습니다. 펌프 주변에 살고 있던 한 부인이 콜레라에 감염된 아기의 기저귀를 빨았고, 이 물이 고장난 정

---

*   이 당시에는 콜레라균의 존재를 몰랐습니다. 현미경에 의해 콜레라균이 발견된 것은 30년도 더 지나서였습니다. 콜레라균의 존재는 1883년 독일의 의사이자 미생물학자인 로베르트 코흐에 의해 처음 알려졌습니다.

화조를 통해 토양에 스며든 것입니다. 이 토양에 스며든 물이 브로드가의 우물을 오염시키면서 콜레라 대유행이 시작되었습니다. 얼떨결에 콜레라 대유행의 시발점처럼 여겨졌지만, 아기의 기저귀를 빤 부인은 잘못이 없습니다. 앞서 말했듯이 당시 불안정했던 정화조와 상하수도 시설이 제대로 작동하지 않은 탓이었습니다.

역학 조사란 사회적 행위의 패턴을 연구하여 그 원인을 조사하는 것입니다. 우리도 코로나 때 역학 조사란 말을 지겹도록 들어봤습니다. 하지만 런던에서 콜라가 유행하던 시절에는 이런 개념조차 없었습니다. 많은 사람들은 스노가 콜레라의 원인을 발견한 과정을 최초의 역학 조사라고 말합니다.

그런데 물 대신 맥주를 마신 양조장 직원들이 콜레라에 걸리지 않은 사실이 흥미롭습니다. 이 양조장은 브로드가 50번지에 있는 라이온 양조장입니다. 라이온 양조장은 1836년에 설립되었는데 19세기 후반까지 런던에서 꽤나 유명한 양조장이었습니다. 당시에는 70명이 넘는 직원이 고용되어 있었고 인근에서 두 번째로 큰 일터였다고 합니다. 양조장은 직원들에게 일정한 양의 맥주를 배급했고 직원들은 평소 물 대신 맥주를 즐겨 마셨습니다. 맥주는 안전한 음료입니다. 우선 맥주를 만들기 위해서는 가능한 한 깨끗한 물이 필요합니다. 오염된 물은 불순물을 남기기 마련이며 불순물은 그대로 맥주에 남습니다. 또 맥주를 만들 때 맥아를 끓이고 끓는 맥아즙에 홉을 넣기 때문에 일차적으로 물을 끓이면서 세균, 바이러스, 기생

충 등이 제거되고, 홉에 있는 항균 성분이 박테리아의 성장을 억제합니다. 이후 깨끗한 통에 넣고 발효시키는데 이 과정에서 미생물 효모가 당분을 소화시켜 알코올과 이산화탄소를 배출합니다. 재미있는 사실은 사람이 배설한 쓰레기를 먹으면 치명적인 질병에 걸리지만, 맥주 효모가 배설한 쓰레기(알코올)는 먹어도 안전하다는 것입니다. 물론 취기가 뒤따라오지만 말입니다. 그래서 이런 말이 생겼나 봅니다. '간경화로 40대에 죽는 편이 이질로 20대에 죽는 편보다 낫다'. 양조장 직원들이 질병의 원인을 알고 의도적으로 물 대신 맥주를 마신 것은 아닐 테지만, 맥주를 마신 덕택에 콜레라에 감염된 도시에서 살아남을 수 있었습니다.

스노는 알아낸 것을 바탕으로 자신이 질병의 근원을 알고 있고, 브로드가 우물의 펌프 손잡이를 제거해야 한다고 강력히 주장했습니다. 펌프의 물은 눈으로 보기에 깨끗했고, 여전히 물보다는 공기가 원인이라고 생각하는 사람들이 많았기 때문에 반대가 심했지만, 1854년 9월 8일 결국 펌프의 손잡이가 제거되었습니다. 스노의 주장을 믿어서라기보다는 달리 방법이 없었기 때문입니다. 펌프의 손잡이를 없앤 후, 2주간 9백 명을 사망시킨 콜레라는 서서히 자취를 감추었습니다. 하지만 여전히 사람들은 오염된 물이 아니라 나쁜 공기가 사라져서 질병이 줄어들었다고 믿었고, 펌프의 물을 막은 것을 질타했습니다. 스노는 자신의 주장이 세상을 바꾸는 것을 보지 못하고 죽었습니다. 스노가 죽은 후에야 수인성 전염병 이론이 받아들여졌고, 그의 발견은 공중 보건과 역학 연구에 큰 영향을 미쳤습니다.

런던에 콜레라가 대유행한 이후 150여 년의 세월이 지났습니다. 현재 라이온 양조장은 문을 닫았고, 양조장이 있었던 건물은 아직까지 남아 문화유산으로 보호되고 있습니다. 브로드가에도

브로드가에는 펌프를 기념물로 남겨 두고 있습니다

그때의 펌프가 기념물로 남아 있습니다. 그리고 펌프의 건너편에는 그때부터 있었던 맥줏집이 상호를 바꾸어 현재는 '존 스노John Snow'라는 이름으로 맥주를 팔고 있습니다.

19세기 브로드가 펌프 근처에 있었던 맥줏집은 John Snow라는 이름이 되었습니다

옥토버페스트를 말할 때 우리가
독일 맥주에 대해 알아야 하는 것

매년 9월 중순부터 10월 초까지 독일 바이에른의 주도 뮌헨에서는 옥토버페스트가 개최됩니다. 코로나로 인해 2020년과 2021년을 건너뛰었고 2022년부터 재개되었습니다. 이 행사에는 독일뿐만 아니라 전 세계의 맥주 애호가가 모여들어 독일의 지역 맥주를 마십니다. 규모는 브라질의 리우 카니발(Rio Carnival)이나 뉴올리언스의 마디 그라(Mardi Gras) 축제보다 큽니다. 옥토버페스트는 무엇이며, 독일 맥주에 어떤 매력이 있길래 매년 뮌헨의 가을이 들썩이는 걸까요? 옥토버페스트를 말할 때 우리가 독일 맥주에 대해 알아야 하는 것은 무엇일까요?

옥토버페스트는 세계에서 가장 큰 축제입니다 (사진 출처: pixabay)

옥토버페스트는 9월에 열립니다.

옥토버페스트는 '옥토버(October)'라는 이름 그대로 10월에 열릴 것 같지만 그렇지 않습니다. 매년 9월에 축제를 시작하여 10월 첫 번째 일요일까지 개최하는 것이 전통입니다. 1871년 독일이 통일된 이후 10월에서 9월로 변경했기 때문입니다.

옥토버페스트는 원래 1810년 10월 12일에 거행된 바이에른(옛 이름 바바리아)의 왕세자 루드비히와 작센-힐트부르크하우젠의 공주 테레제의 결혼식을 축하하기 위한 축제였습니다(이 행사가 해마다 거듭되고 세계에서 가장 큰 축제가 되리라고는 루드비히도 예상하지 못했을 것입니다). 왕궁 앞마당에서 벌어진 축하 행사에는 중상류층 귀족 6천여

옥토버페스트에 맥주를 제공하는 슈파텐 양조장의 마차 행진 (사진 출처: pixabay)

명이 참가했고, 이 행사를 기념하여 오랜만에 부활시킨 '스칼렛 레이스(Scarlet Race)'라는 경마 경기가 참가자들의 열기를 고조시켰습니다. 이듬해부터는 경마 경기와 함께 농업 페어를 진행했는데, 해를 거듭할수록 농업 페어의 규모가 점점 커져 와인 농장, 커피숍, 주류 판매상, 요리사, 제빵사, 과일 판매상 등이 참가하는 행사가 되었습니다. 이 축제에 맥주가 등장한 것은 1818년입니다. 처음에는 12개의 맥주 양조장이 농업 페어에 참가했지만, 점점 맥주의 비중이 늘어 19세기 중반부터 맥주 축제로 자리 잡았습니다.

옥토버페스트에서는 옥토버페스트비어를 마십니다.

옥토버페스트에는 중요한 특징이 있습니다. 축제에 참석하는 사람들은 남자는 레더호젠 여자는 던들이라는 독일의 전통 의상을 입고, 축제를 위해 특별히 양조된 맥주를 마십니다. 그것도 마스라고 부르는 1리터짜리 잔으로 마십니다.

옥토버페스트에서 제공되는 맥주는 독일의 맥주순수령을 준수하며 뮌헨 시내에서 만들어진 맥주입니다. 예전에는 '메르첸 (märzen)'이라 부르는 앰버 라거였지만, 현대에는 그보다 조금 색이 옅은 '페스트비어(festbier)'입니다. 이러한 조건을 만족하는 옥토버페스트의 공식 맥주는 총 6개입니다. 바로 아우구스티너 (Augustiner-Bräu), 하커-프셔(Hacker-Pschorr-Bräu), 뢰벤브로이 (Löwenbräu), 파울라너(Paulaner), 슈파텐브로이(Spatenbräu), 호프브로이(Hofbräu-München)입니다.

옥토버페스트에 참가하는 6개의 양조장은 이날을 위해 저마다의 특별한 맥주를 제공합니다. 일명 '옥토버페스트비어'라고도 하는데, 일부에서는 그저 '메르첸' 혹은 '페스트비어'라고 부르기도 합니다. 하지만 이 맥주에는 엄연한 차이가 존재합니다. 과연 이 맥주들에는 무슨 차이가 있을까요? 옥토버페스트 맥주의 수수께끼를 살펴보겠습니다.

옥토버페스트비어

옥토버페스트비어는 매년 옥토버페스트 기간 동안 제공되는 맥주를 말합니다. 옥토버페스트에서 최초로 선보인 맥주는 둥켈처럼 어두운 맥주였습니다. 둥켈(dunkel)은 독일어로 '어둡다'라는 뜻인데, 맥주 둥켈은 짙은 밤색에서 검은색에 가까운 라거입니다. 당시 맥아를 굽는 가마 기술로는 다크 몰트만 생산할 수 있었기 때문에 짙은 색 맥주밖에 나올 수 없었습니다.

메르첸

1841년 슈파텐 양조장이 뮌헨 몰트로 만든, 메르첸이라는 연한 호박색의 라거를 선보였습니다. 바삭하면서 달콤한 구운 빵의 풍미와 드라이한 피니쉬가 있는 맥주입니다. 메르첸은 3월에 양조한다고 하여 붙여진 이름인데, 3월에 양조하여 여름 내내 차가운 지하실에서 숙성시킨 후 가을에 마시는 맥주입니다. 1872년 메르첸은 기존의 둥켈 라거를 대체하여 옥토버페스트의 공식 맥주가 되었습니다.

페스트비어

메르첸보다 더 밝고 황금색을 띠는 페스트비어는 1953년 아우구스티너가 선보인 이후로 옥토버페스트에서 가장 인기 있는 맥주가 되었습니다. 페스트비어의 대중화를 이끈 양조장은 파울라너입니다. 1970년대 파울라너가 선보인 페스트비어는 알코올 도수가 6%로 기존의 라거보다 높고, 바디감 있는 쓴맛 맥주였습니다. 1990년대에 이르러서는 메르첸을 완전히 대체하여, 지금은 축제에서 대부분 페스트비어를 제공합니다.

옥토버페스트비어 스타일

앞서 언급했듯이 공식적으로 허가된 6개의 양조장만이 옥토버페스트비어라는 이름을 쓸 수 있습니다. 그 밖의 유사한 맥주는 옥토버페스트비어 스타일이라고 부릅니다. 현대에 와서 미국에서는 옥토버페스트비어 스타일을 메르첸 스타일의 라거로 보는 것이 지배적인 의견입니다.

비엔나 라거

그런데 메르첸과 유사한 비엔나 라거도 있어 함께 소개하겠습니다. 슈파텐 양조장의 제들마이어와 오스트리아의 안톤 드레어는 영국에 유학 중에 만나 영국의 맥아 건조 기술을 함께 들여왔습니다. 둘은 각각 고국으로 돌아가 거의 동시에 거의 비슷한 앰버 라거 스타일을 만들었습니다. 슈파텐이 뮌헨 몰트를 사용해 메르첸을 만들었고, 드레어는 비엔나 몰트를 사용해 비엔나 라거를 만든 것입니다. 비엔나 라거는 근근이 멕시코 등에서 명맥을 유지하다가 현대에 와서 재해석되어 보스턴 비어 컴퍼니의 사무엘 아담스나 브루클린 브루어리의 브루클린 라거의 스타일로 자리 잡았습니다.

독일은 과거 거의 300년간 여름에 맥주를 양조하는 것을 법으로 금지하였습니다. 1553년 바이에른 공국의 공작 알브레히트 5세(맥주순수령을 반포한 빌헬름 4세의 아들)가 맥주를 양조할 수 있는 시기를 법령으로 지정해 겨울이 지나고 양조가 가능한 마지막 달인 4월까지 양조하여 여름내 저장하여 마신 것이 바로 메르첸입니다. 메르첸은 독일어로 3월이라는 뜻으로, 이 시기에 맥주를 가장 활발하게 양조하여 붙여졌습니다.

여름에 양조를 금지한 이유는 냉동 시설이 없었던 시절, 여름에 양조한 맥주가 쉽게 상했기 때문입니다. 그래서 가을부터 이듬해 봄까지, 정확히는 성 미카엘 축일(9월 29일)부터 성 조지 축일(4월 23일)까지를 맥주 양조 시기로 정했습니다. 가을에 열리는 옥토버페스트는 그동안 저장하고 있었던 재고 맥주를 빠르게 소비하고 새롭게 맥주를 생산할 수 있는 기회가 되었습니다.

겨울에는 주로 맥주를 양조하고 여름에는 맥주를 소비했기 때문에 겨울맥주(Winterbier)와 여름맥주(Sommerbier)라는 명칭이 생겨났습니다. 겨울맥주는 탭맥주(Tapbier)라고도 하며 겨울에 양조하여 그 해 겨울에 마시는 맥주를 말합니다. 보통 11월 초에 양조하여

독일인의 맥주 정원 비어가르텐 (사진 출처: wikimedia)

12월에서 1월 사이에 마십니다. 여름맥주는 저장맥주(Lagerbier)라
고도 하며 겨울에 양조하여 세 달쯤 보관한 후 마시는 맥주입니다.
보통 5월에서 10월 사이에 마십니다. 여름맥주는 겨울맥주에 비해
효모가 오랜 기간 활동하여 당을 더 분해하므로 알코올 도수가 높
고 드라이한 특징을 가지고 있습니다.

맥주를 저장하기 위해서 10m 넘는 깊이로 땅을 파 지하 저장
고를 만들고 섭씨 8도 정도로 유지하는데, 이는 효모가 활동하기
좋고 박테리아가 활동하기에는 낮은 온도입니다. 온도를 유지하
기 위해 근처 호수에서 얼음을 캐 함께 보관하거나 땅 위에 밤나무
를 심고 그늘을 만들기도 했습니다. 이 그늘에 정원이 생기고 사람

들이 찾아와 맥주를 마시는 공간이 되었는데 이것을 비어가르텐(biergarten)이라고 부릅니다.

이렇게 양조 시기를 지정한 법령은 1850년까지 유지되었고 냉동 기술이 발전하면서 사라졌습니다.

독일 맥주가 순수한 이유는 맥주순수령 때문입니다.

독일 맥주를 말하면서 독일의 맥주순수령을 이야기하지 않고 넘어가는 것은 힘들 것 같습니다. 옥토버페스트 맥주는 바이에른의 맥주이며, 바이에른 맥주의 근본은 맥주순수령에 있습니다. 라인하이츠게봇(Reinheitsgebot)이라 부르는 독일의 맥주순수령은 바이에른 공작 빌헬름 4세가 1516년 반포한 것입니다. 이것이 세계에서 가장 오랫동안 운영 중인 식품법 중 하나입니다.

맥주순수령은 맥주 생산에 사용되는 재료를 보호하고, 통제하기 위해 맥주의 재료를 보리, 홉, 물만으로 제한하는 법령입니다. (효모가 추가된 것은 1551년 맥주순수령의 개정 이후입니다.) 맥주에 사용되는 곡물을 보리로 한정한 것은 빵을 만드는 데 필요한 밀을 아끼고 보리와 밀의 가격을 안정적으로 유지하기 위해서였습니다. 홉은 맥주의 풍미와 쓴맛을 내고 박테리아로부터 맥주를 보호하여 보존 기간을 늘립니다. 홉 대신 그루트를 사용하면 맥주의 맛을 향상시킬 수도 있으나, 잘못된 그루트를 사용하면 역겨운 맛이 나거나 독성, 환각,

중독 증세가 생길 수도 있습니다. 물은 대체 불가능합니다. 물은 끓이고 소독되어 있기 때문에 안전한 재료입니다. 요약하자면 맥주순수령의 목적은 빵의 생산을 보호하고, 유독한 재료로부터 사람들을 보호하는 데 있습니다. 하지만 이런 순수한 목적만 있었던 것은 아닙니다. 이외에도 권력자들이 맥주 재료에 세금을 부여하거나 무역을 통제하기 위한 숨은 의도도 있었습니다. 맥주순수령에 관한 자세한 이야기는 다음 장 '바이에른 공작 가문 연대기' 편에서 이어서 하겠습니다.

'오 차프트 이스(O'zapft is)'

이것은 뮌헨 시장이 옥토버페스트의 시작을 알리는 외침입니다. '맥주 통 마개가 열렸다'라는 뜻입니다. 옥토버페스트는 한때 코로나 팬데믹으로 부침을 겪고 중단된 적도 있습니다. 하지만 2022년 이 외침을 다시 들을 수 있었습니다. 우리가 한때 팬데믹으로 삶의 환희를 잃었다가 다시 찾은 것처럼, 옥토버페스트도 그 의미를 다시 찾고 있습니다.

맥주로 살아남은
바이에른 공작 가문의 연대기

유럽에는 오랫동안 왕국이나 공작령을 통치한 명문 가문이 있습니다. 맥주로 유명한 독일에도 명문 가문이 있습니다. 합스부르크 가문은 막시밀리안 1세와 카를 5세 등 신성로마제국 황제를 배출한 명문 가문으로 600년간 독일과 오스트리아를 지배했습니다. 프로이센 왕국의 호엔촐레른 가문은 독일의 북부 변방에서 조용히 힘을 쌓다가 합스부르크 가문을 누르고 독일을 통일했습니다. 독일 남부에는 바이에른의 비텔스바흐 가문이 있었는데 중세 한때 신성로마제국의 황제를 배출하기도 한 명문 가문입니다. 가문 내의 잦은 영토 분쟁으로 가문의 힘을 모으지 못하고 결국 프로이센이 통일한 독일 제국에 흡수되었지만, 비텔스바흐 가문은 독일 맥주의 순수한 전통을 지켜낸 가문입니다. 맥주순수령이라는 이름으로 독일 맥주를 통일했다 해도 좋겠습니다.

비텔스바흐 가문(Haus Wittelsbach)은 실질적으로 12세기 초 신성로마제국의 황제 프리드리히 1세(일명 바르바로사)에게 충성을 다한 오토 1세부터 시작합니다. 오토는 황제와 함께 여러 전투에 참여하면서 큰 공을 세우기도 했는데, 황제가 이런 오토를 바이에른 공작에 봉하면서 바에에른의 비텔스바흐 가문이 시작되었습니다. 이 가문의 역사는 분열과 통합의 반복입니다. 오토 1세로부터 대를 이어 70년간 이어지다 그의 손자인 오토 2세 사후에 상바이에른과 하바이에른으로 나뉘었고, 14세기 신성로마제국 황제가 되는 루드비히 4세 때 잠시 통합을 이루지만 그 후 다시 바이에른-잉골슈타트, 바이에른-란츠후트, 바이에른-뮌헨, 바이에른-슈트라우빙 이렇게 4개의 공작령으로 나뉩니다. 비텔스바흐 가문이 시행한 첫 번째 맥주 양조법은 이 시기에 시작됐습니다.

우리는 흔히 독일의 맥주순수령은 1516년 바이에른의 공작 빌헬름 4세가 만들었다고 알고 있습니다. 하지만 이것이 독일 최초의 맥주 식품법은 아닙니다. 그보다 대략 70년 전인 1447년, 바이에른 공작령 중 하나인 바이에른-뮌헨에서 맥주의 재료에 보리, 홉, 물만을 사용하는 법령을 제정하였습니다. 이것이 세계에서 가장 오랫동안 운영 중인 맥주 식품법의 시초입니다. 1487년 알브레히트 4세는 바이에른-뮌헨에서 이 법이 정착될 수 있도록 더욱 강제합니다.

바이에른-란츠후트의 게오르크는 바이에른-뮌헨의 순수령보다 더 광범위하면서 자세한 법령을 만들었습니다. 그는 맥주 제조에 밀의 사용을 허가하고, 와인과 미드*, 맥주의 재료, 품질, 가격, 세금도 법령에 포함시켰습니다. 법령을 따르지 않는 경우의 신체적 체벌, 생산된 맥주의 폐기 등의 처벌도 정해져 있었습니다.

15세기 후반 후계자의 부재, 상속 전쟁 등으로 혼란한 틈을 타 알브레히트 4세가 바이에른 공국을 통일했습니다. 각 공작령마다 다르게 운영되고 있던 맥주순수령이 하나로 통일된 것도 이 시기입니다. 1516년에 맥주순수령을 반포한 빌헬름 4세가 바로 알브레히트 4세의 장남입니다.

1508년 바이에른을 통일한 알브레히트 4세가 죽고 장남인 빌헬름 4세가 왕위를 물려받았습니다. 정치적으로는 모든 공작령을 물려받았고 문화적으로는 맥주순수령의 모든 유산을 물려받았습니다. 빌헬름 4세는 바이에른-뮌헨과 바이에른-란츠후트의 맥주순수령을 비교하여 비교적 더 단순했던 뮌헨의 법령을 채택하고, 1516년 4월 23일 잉골슈타트에서 '맥주의 재료에는 오직 보리, 홉, 물만을 사용할 수 있다'는 맥주순수령을 반포했습니다. 이 법령은 통일 바이에른 전역에 강력하게 적용됐는데, 사실 이 시기 바이에른 외의 독일 지역에서는 여전히 자유로운 양조가 가능했습니다. 그러니

---

*   꿀을 발효시켜 만든 발효주, 일명 꿀술이라고 함.

호프브로이의 내부, 2008년

우리가 알고 있는 독일의 맥주 전통은 바로 바이에른의 맥주 전통
이라고 할 수 있습니다.

빌헬름 4세가 1550년 57세의 나이로 숨을 거둔 후, 그의 아들 알
브레히트 5세가 그 유산을 그대로 물려받았습니다. 알브레히트는
문화적으로는 아버지가 제정한 맥주 식품법을 한층 강화시켰습니
다. 우선 즉위한 후 바로 맥주순수령을 개정해 그동안 맥주의 재료
에서 빠져 있던 효모를 법령에 추가했고, 1553년에는 맥주를 양조
할 수 있는 시기를 강제하는 법령을 추가로 제정했습니다. 이것이
앞 장에서 서술한 독일의 맥주 양조법입니다. 알브레히트 5세의 사
망 후 그를 계승한 아들 빌헬름 5세가 바로 공국의 공식 양조장, 그
유명한 '호프브로이하우스'를 설립한 사람입니다.

빌헬름 5세의 초상

　독일에서 가장 유명한 비어홀이 있다면 그것은 500년 전통을 가지고 한 번에 3천 명 이상의 손님이 앉을 수 있는 호프브로이하우스(이하 호프브로이)일 겁니다. 모차르트는 그의 오페라 《이도메네오(Idomeneo)》의 영감을 호프브로이 방문에서 얻었다고 밝힌 적이 있습니다. 레닌, 존 F. 케네디, 미하일 고르바초프 등 수많은 정치인과 유명인이 찾는 곳이 바로 호프브로이입니다.

　호프브로이를 세운 비텔스바흐의 빌헬름 5세는 비텔스바흐 가문이 그랬듯이 대단히 성실한 가톨릭 신자였습니다. 가톨릭과 개신교의 대립이 심해진 가운데, 빌헬름 5세는 강력한 가톨릭 옹호자였지만 문화적으로는 예술가를 후원하고 궁정을 재건축하기도 했습니다. 호프브로이는 그때 설립된 바이에른 공국의 공식 양조장입니다.

빌헬름 5세 시기의 뮌헨 맥주는 어땠을까요? 할아버지와 아버지의 맥주 유산을 모두 물려받긴 했지만, 뮌헨의 맥주는 그리 신통치 않았던 것 같습니다. 왜냐하면 바이에른의 귀족들은 현지 양조장에서 만든 맥주를 즐기지 않았다고 하니까요. 귀족들은 대부분 맥주를 수입해서 마셨다고 합니다. 당시 공국에서 일하는 직원 약 6백 명 정도가 마실 맥주를 공급하는 것도 큰일이었습니다. 하급 직원에게는 근처 수도원에서 생산한 맥주를 공급하고, 고위직 관리자에게는 작센이나 아인베크 같은 유명한 지역의 맥주를 수입해 주었는데, 이렇게 맥주를 수입하는 데에 드는 비용도 부담이었기 때문에 차라리 양조장을 짓기로 한 것입니다. 처음부터 큰 규모로 지을 생각이었기 때문에 양조장을 짓는 데 2년이 넘게 걸렸습니다. 양조장이 완공된 건 1591년입니다. 베네딕토 수도원의 브루마스터를 데려와 당시의 전통대로 브라운 비어를 만들었다고 합니다. 1605년 한 해에만 1,440hl 정도의 맥주가 양조되었다는 기록이 남아 있는데, 요즘으로 치면 500ml 캔 30만 개에 해당하는 양입니다. 대부분은 공국의 직원들이 마셨고, 일부 남는 맥주는 공국의 시민들에게 나누어 주기도 했습니다.

호프브로이의 외부, 19세기 후반

호프브로이는 과거 히틀러가 대중을 선동한 장소로도 유명합니다. 독일에서 '비어 할레(Bier Halle)'라 부르는 비어홀은 바이에른 지방의 전통적인 맥줏집으로 단순히 맥주만을 판매하는 곳이 아니라 사람들이 모이는 장소이기도 했습니다. 히틀러는 이 비어홀을 적극적으로 이용했습니다. 1920년 2월, 히틀러는 호프브로이에서 2천 명의 대중들에게 연설했고, 대중들은 폭발적으로 호응했습니다. 이에 자신감을 얻은 히틀러는 전국의 비어홀을 순회하며 대중 연설을 할 수 있었습니다. 이때 했던 연설의 주제가 '우리는 왜 반유대주의자인가'라고 하는데, 호프브로이의 씁쓸하고 어두운 과거입니다.

호프브로이의 탄생과 함께 맥주순수령은 바이에른에 정착할 수 있었습니다. 독일 맥주에 품질과 일관성이 생기게 된 것입니다. 당시 양조업자는 이것을 법으로 여기기보다는 원칙과 명예라고 생각했습니다. 하지만 독일 슈바르자흐 지역의 일부 귀족들은 밀맥주를 보란 듯이 양조하고 있었습니다. 맥주순수령을 반포한 빌헬름 4세도 이 지역의 밀맥주 양조는 어찌하지 못했는지, 아니면 밀맥주를 무분별하게 양조하기보다는 어느 한 가문이 독점하는 게 낫다고 생

세계 최초의 밀맥주 양조장 데겐베르크의 바이스비어

각했는지, 데겐베르크 가문에 양조 전매권을 주었습니다. '세계 최초의 밀맥주 양조장'이라는 타이틀을 가지고 있는 데겐베르크 양조장은 이 가문의 이름을 딴 것입니다. 하지만 1602년 데겐베르크 가문은 후계자가 없이 대가 끊겨 버리고, 이에 밀맥주 양조권을 포함한 모든 가문의 재산이 막시밀리안 1세에게 양도됐습니다. (그는 브라운 비어보다 가벼운 화이트 비어(밀맥주)를 선호했다고 합니다.) 자연스럽게 밀맥주의 양조 전매권을 얻은 막시밀리안 1세는 공국 전체에서 밀맥주를 양조하기 시작했습니다. 가문에 직접 밀맥주를 양조하기에 좋은 양조장이 있었으니까요. 앞서 설립한 호프브로이입니다.

30년 전쟁은 1618년부터 1648년까지 독일에서 벌어진 종교전쟁으로 로마 가톨릭교회를 지지하는 국가들과 개신교를 지지하는 국가들 사이에서 벌어졌습니다. 나중에는 종교를 떠나 경제와 정치적인 이합집산으로 변해 전 유럽을 초토화한 전쟁입니다. 전통적으로 가톨릭 가문인 비텔스바흐는 당연히 가톨릭 수호를 위해 최선을 다했고, 막시밀리안은 기독교 연합에 대항해 가톨릭 연맹을 이끌었습니다. 막시밀리안 1세는 전쟁에 직접 참여하기도 했고 막후에서 막대한 전쟁 비용을 지원하기도

바이에른 막시밀리안 1세의 초상

했는데, 밀맥주를 팔아 쌓은 엄청난 부로 가톨릭 편에 군자금을 대기도 했습니다.

한편, 19세기 후반이 되면 밀맥주의 인기는 사그라듭니다. 필스너가 나타났기 때문입니다. 이때 비텔스바흐 가문은 힘이 빠질 대로 빠진 밀맥주 양조권을 민간 양조장에 넘겼는데, 그 양조장이 바로 현재 밀맥주로 가장 유명한 슈나이더입니다.

비텔스바흐 가문은 합스부르크 가문과 복잡한 결혼 동맹으로 우호적인 관계를 유지했습니다. 30년 전쟁이 끝난 후 비텔스바흐 가문의 바이에른 선제후 지위는 그대로 유지되었습니다. 1789년 프랑스에서는 대혁명이 일어났고, 독일을 점령한 나폴레옹은 찢어져 있던 '바이에른 공국'을 하나로 통합해 '바이에른 왕국'으로 만들었

습니다. 바이에른 왕국의 초대 왕은 막시밀리안 1세 요제프입니다. 그의 치세 때 거행된 왕세자의 결혼식 축하연이 바로 옥토버페스트입니다. 1852년이 되면 비텔스바흐 가문은 호프브로이의 소유권을 바이에른주로 이전합니다. 그래서 지금까지도 호프브로이의 소유자는 바이에른주 정부입니다. 바이에른 왕국은 50여 년쯤 이어지다가 프로이센과 함께 독일 연방으로 통일됩니다. 바이에른이 새로운 독일 제국의 일부가 되는 것은 쉽지 않은 일이었지만, 독일 전역에서 맥주순수령을 따라야 한다는 조건으로 독일 제국의 일부가 되었습니다. 한편 프로이센은 1871년 독일 통일의 마지막 걸림돌인 프랑스를 이기고, 프랑스의 땅에서 통일된 독일 제국을 선포합니다.

1914년 1차 세계 대전이 일어났을 때 바이에른은 프로이센을 지지하며 독일 제국의 일원으로 전쟁에 참여했습니다. 하지만 전쟁은 길어지고 여론은 악화되었으며, 바이에른을 다스린 비텔스바흐 가문에 대한 대중의 불만은 커졌습니다. 결국 비텔스바흐 가문의 왕 루드비히 3세가 퇴위하면서 비텔스바흐 가문의 바이에른 통치는 끝이 나게 됩니다.

비텔스바흐 가문의 바이에른 통치는 끝났지만, 가문의 후손은 현재까지 이어져 양조장만큼은 유지하고 있습니다. 비텔스바흐 가문은 1870년에 있었던 양조장 시설을 개선해 '왕족의 맥주'라는 슬로건을 내세우며 맥주를 만들고 있습니다. 현재까지 운영되고 있는 쾨니히 루드비히(König Ludwig) 양조장입니다.

비텔스바흐 가문의 맥주, 쾨니히 루드비히

    비텔스바흐 가문은 한때 신성로마제국의 황제를 배출했던 유럽의 명문 가문이었습니다. 하지만 영지를 분할 상속하면서 힘을 하나로 모으지 못했고, 19세기에는 북독일에 강한 경쟁자가 나타나면서 그 힘에 밀렸습니다. 800년간 이어져 온 가문은 1918년 1차 세계 대전이 끝나면서 군주제의 해체와 함께 막을 내렸습니다. 비텔스바흐 가문의 역사는 바이에른, 더 나아가 독일의 역사와 동일시됩니다. 비록 비텔스바흐 가문은 자기 영지와 지위는 통일하지 못했지만, 맥주에서만큼은 독일을 하나로 통일했습니다. 우리는 현재 비텔스바흐 가문의 유산으로 독일 맥주의 순수함을 누리고 있는 것입니다.

사자는 왜 뢰벤브로이 맥주의
상징이 되었을까?

그리스 로마 신화에 푹 빠져 사는 3학년 아이와 매일같이 스타벅스로 출근하는 아빠. 둘 사이에 전혀 생각하지 못했던 공통의 이야깃거리가 생겼으니, 그것은 스타벅스의 기업 로고인 세이렌입니다. 세이렌은 그리스 로마 신화에서 반은 새(혹은 물고기) 반은 사람인 모습으로 아름다운 노래를 불러 선원을 유혹해 빠져 죽게 만든다는 팜므파탈입니다. 아빠가 스타벅스 로고가 세이렌이라고 화두를 던지자, 아이는 세이렌에 관한 오디세우스의 이야기로 멋지게 받아칩니다. 그러자 아빠의 생각은 또 맥주로 흐릅니다. 왜냐하면 맥주에도 스타벅스처럼 각 전통을 자랑하는 문장이 있기 때문입니다.

유럽 문장은 12세기 기사의 투구와 관련이 있습니다. 얼굴을 모두 가린 투구를 쓰면 시야가 좁아졌기 때문에 적군과 아군을 구별하기 위해 방패에 문양을 그려 넣은 것이 문장의 기원이라고 합니다. 처음에는 개인의 취향에 따라 그렸던 문양이 점점

십자군 전쟁 시기 십자가 문양을 새긴 방패를 든 기사의 모습

기사나 집안을 상징하는 심벌이 되었고, 이것이 대대로 세습되면서 전통적인 문장이 되었습니다. 물론 이때가 처음이 아니라는 설도 있습니다. 고대 로마에서도 방패에 문양을 넣었다고 하고, 고대 북유럽 게르만족이 사용했던 룬문자와 바바리아의 휘장이 중세 문장에 영향을 끼쳤다고도 합니다. 하지만 1차 십자군 전쟁과 2차 십자군 전쟁 중에 문장의 사용이 활발해졌다는 점은 주지의 사실입니다. 십자군은 이슬람교도들에게 점령당한 기독교 성지를 탈환하기 위해 유럽 각지에서 모인 부대였기 때문에, 각각의 기사나 가계, 지역 집단, 나라 등을 표시하는 문장이 필요했기 때문입니다. 이렇게 처음에는 전투 중 중무장한 기사를 식별하기 위해 사용된 문장은 나중에는 왕이나 귀족의 권위를 상징하는 표식으로 변했습니다. 그러다가 점점 일반인들의 생활 속에도 파고들어 대학, 교회, 수도원,

도시, 길드 등의 공동체를 알리기 위한 심벌로도 사용되었습니다.

특히 관심을 끄는 것은 중세 길드(Guild)의 문장입니다. 중세의 수공업은 보통 도제 방식으로 운용되었는데, 이들은 같은 직업끼리 '길드'라고 불리는 일종의 협동조합을 만들어 이익을 추구했습니다. 길드는 영국, 프랑스, 독일, 이탈리아 등 유럽 지역에서 광범위하게 나타났으며, 맥주, 구두, 직물, 빵, 활 등 동종의 기술자 집단이 닫힌 공동체로 운영했습니다. 길드는 제품의 품질을 관리하는 한편, 독점 판매를 통해 중세에서 가장 큰 세력을 형성했습니다. 길드도 당연히 문장을 사용했습니다. 집단을 상징하는 문장은 내부적으로는 조직 간의 유대를 강화하고 외부적으로는 기술과 상품을 홍보하는 수단이 되었기 때문입니다. 목수는 도끼와 자, 대장장이는 망치와 도끼, 철물 금속공은 열쇠 등 길드의 문장에는 직종을 연상시키는 도구나 마크가 그려져 있습니다. 맥주에도 '양조자의 별(Brewer's Star)'이라는 공식적인 문장이 있습니다. 다음의 그림은 15세기에 맥주를 양조하는 수도사를 그린 그림인데, 왼쪽 상단에 그려진 여섯 개의 꼭짓점을 가진 별이 바로 양조자의 별입니다.

언뜻 보아선 맥주와 관련이 있다고는 생각하기 힘든 문장이지만, 이 문장은 연금술과 관련이 있습니다. 금속에서 금을 정련하는 시도인 연금술처럼, 불, 물, 하늘, 땅에서 맥주가 만들어진다는 심오한 뜻이 있습니다. 우선 꼭짓점이 위로 향한 삼각형은 불을 뜻합니다. 꼭짓점이 아래로 향한 삼각형은 물이고, 아래로 향한 삼각형의

양조자의 별이 그려진 가장 오래된 그림, 15세기

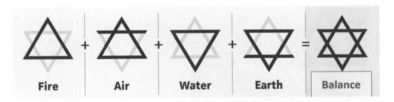

양조자의 별의 의미

윗변은 하늘(공기)을 말합니다. 위로 향한 삼각형의 아랫변은 땅(지구)입니다. 이 네 가지 요소가 균형을 맞추어 탄생한 것이 맥주입니다. 나중에는 남은 두 개의 꼭짓점에 곡물과 홉이라는 의미를 부여했습니다. 남은 꼭짓점 두 개를 그냥 두기가 어려웠나 봅니다. 이렇게 이 문장은 맥주를 만드는 데 필요한 네 가지 성분인 물, 곡물, 홉, 효모(공기) 모두를 담게 되었습니다.

양조자의 별은 유럽 특히 독일 전역에 널리 확산되어 양조장이나 여관 등에서 사용하였습니다. 이 문장은 건물의 외벽 눈에 띄기 좋은 곳에 걸어 두었는데, 별의 안쪽 공간에 맥주잔이나 홉, 맥주를 만드는 도구 등 맥주와 관련된 심벌을 넣어 그 뜻을 분명하게 하기도 했습니다. 만약 중세의 어느 여행자가 남부 바이에른에서 이 별을 걸어 둔 여관을 봤다면 최소 두 가지를 생각해 볼 수 있습니다. 이 여관은 맥주를 양조할 권한이 있다는 것과 목마른 여행자에게 신선한 맥주를 제공해 줄 것이라는 기대 말입니다. 하지만 이 문장은 현대에 와서는 거의 사라졌습니다. 종교적인 상징인 유대의 별과 혼동되었기 때문입니다. 특히 제2차 세계대전 중에 더욱 큰 문제가 되었습니다.

양조자의 별

맥주 자체를 상징하는 문장은 양조자의 별이었고, 맥주 양조장들은 자신만의 고유한 문장을 사용했습니다. 이런 문장에 들어가는 심벌은 꼭 맥주를 상징한다기보다는, 유럽에서 대대로 사용해 온 전통적인 상징들이 많습니다. 예를 들면 사자, 열쇠, 왕관 등입니다. 그럼 독일의 유명 양조장의 문장을 살펴보면서 그동안 무심코 지나쳤던 맥주 상표에 숨은 의미를 꺼내 보겠습니다.

서서 걷는 사자 문장을 가진 양조장, 뢰벤브로이 (Löwenbräu)

뢰벤브로이는 독일 뮌헨 지방에 있는, 1383년경에 설립된 유서 깊은 양조장으로 옥토버페스트에 텐트를 칠 수 있는 여섯 양조장 중 한 곳입니다. 우리나라에는 뢰벤브로이 헬레스가 수입되어 나름대로 팬층을 확보하고 있습니다. 맥주병에 그려진 사자 문장으로도 유명합니다.

사자는 독수리와 함께 유럽의 문장에 가장 많이 사용된 동물입니다. 사자는 고대 이집트나 메소포타미아, 그리스 신화 등에 자주 등장하는데, 힘과 권위를 상징합니다. 그래서 보통 왕을 상징하는 문장으로 많이 사용되었습니다. '사자왕' 혹은 '사자의 심장을 가진 왕'이란 별명을 가진 영국의 리처드 1세의 문장에도 사자가 있습니다. (반면 독수리는 황제를 상징합니다. 신성로마제국, 러시아, 오스트리아 등의 문장에 독수리가 있습니다.) 사자는 국가의 문장으로도 자주 사용되었

뢰벤브로이와 벡스의 문장

는데, 영국, 노르웨이, 덴마크, 룩셈부르크, 불가리아의 문장에 사자가 등장합니다.

뢰벤브로이가 왕과 직접적으로 관련은 없지만, 사자 문장을 사용한 것에 대해서는 조금 특별한 사연이 있습니다. 뢰벤브로이는 '사자(Löwen)의 양조(bräu)'를 의미하는 말로, 이름은 이 지역의 오래전에 있었던 뢰벤그루베(Löwengrube)라는 양조장에서 유래했습니다. 뢰벤그루베는 '사자의 굴'이라는 의미로 성경 다니엘서에서 사자 굴에 빠진 다니엘의 이야기로부터 모티브를 따왔다고 합니다. 이 이야기에 따르면 예언자 다니엘을 시기 질투한 자들이 왕을 속여 다니엘을 배고픈 사자 굴에 빠뜨렸지만, 사자는 다니엘을 해치기는커녕 그를 보호했다는 것입니다. 이처럼 사자는 왕을 지키는 수호신이자 결국에는 사자가 곧 왕의 상징이 되었습니다. 뢰벤브로이 맥주병에 그려진 사자의 모습을 가만히 들여다보면 전통적인 사자 문장의 형태가 그대로 보입니다. 사자가 서서 걷고 오른쪽을 향한 점(문장학에서는 왼쪽을 오른쪽이라 함), 날카로운 발톱이 4개인 점, 혀가 몸과 다른 색으로 대조를 이루는 점(맥주병에는 혀가 빨간색으로 그려져 있음) 등은 사자를 문장으로 표현할 때 전통적으로 사용하는 방식입니다.

열쇠 문장, 도시 브레멘의 양조장 벡스(Becks)

벡스는 독일의 북부 도시 브레멘에 있는 150년 전통의 양조장입니다. 2001년 벨기에의 인터브루(현재는 AB InBev)에 팔렸지만, 팔리기 전에는 독일에서 4번째로 큰 양조장이었습니다. 브레멘은 한때 한자 동맹에 속해 있는 자유 무역 도시였습니다. 다른 독일 맥주들이 지역 맥주를 고집하고 있을 때, 무역의 도시 브레멘에서 태어난 벡스는 수출용 맥주를 내세웠습니다. 덕분에 일찌감치 독일 전역에 유통되었고, 싱가포르에 현지 양조장을 세워 동아시아 지역의 수요를 충족시키고, 2012년부터는 미국 세인트루이스에서 직접 생산하고 있습니다.

벡스의 문장은 열쇠입니다. 열쇠는 십자가와 함께 종교적 상징으로 많이 사용되었는데, 성경에서 유래했습니다. 마태복음을 보면 예수님이 베드로에게 천국의 열쇠를 건네는 장면이 나옵니다. 베드로가 열쇠의 권력을 위양 받는 장면입니다. 베드로는 최초의 교황이므로 베드로의 열쇠는 로마 교황에게 이어져, 열쇠는 곧 가톨릭 권위의 상징이 되었습니다. 유럽에서 열쇠는 몇몇 도시의 문장으로 사용되었습니다. 그중 한 곳이 브레멘입니다. 브레멘은 제국의 직속 도시가 되기 전까지 대주교의 지배 아래에 있었습니다. 그래서 문장에 열쇠가 있고, 현재까지 그 전통이 이어지고 있습니다. 물론 시대가 바뀌면서 문장의 의미도 변화했습니다. 처음에는 종교적 의미가 강했지만, 현대에서 와서는 도시의 지리적 위치에 대한 상징성이 더 강해졌습니다. '바닷길로의 열쇠', '세계로의 열쇠'라는 의미입니다.

바이에른 왕실이 만든 양조장, 호프브로이하우스(Hofbräuhaus)

호프브로이하우스는 1589년 바이에른의 공작 빌헬름 5세가 왕실과 귀족, 그리고 왕실에서 근무하는 직원들에게 맥주를 직접 공급하기 위해 세운 양조장입니다. 당시 왕실에서 일하는 직원만 6백 명이 넘었는데, 이들에게 맥주를 제공하기 위해 주변에서 맥주를 사 오는 비용이 너무 크게 들었다고 합니다. 빌헬름 5세는 왕실 직속 양조장을 만들기로 결심했고, 세계에서 가장 큰 비어홀을 유산으로 남겼습니다. 현재 바이에른주 정부 소유인 호프브로이하우스는 옥토버페스트에서 2번째로 큰 텐트를 운영하기도 합니다. 왕실 양조장으로 시작했기 때문에 호프브로이의 문장에는 왕관이 그려져 있습니다.

문장에 왕이나 제후의 상징으로 왕관이 처음 등장한 것은 14~15세기부터입니다. 16세기가 되면 상급 귀족에서 하급 귀족까

지 확대되었고, 신분에 따
라 왕관의 형상에 차이를 두
었습니다. 보통 국왕의 관을
'크라운'이라 하고, 왕세자
이하 나머지 귀족의 관을 '코
로넷'이라고 합니다. 호프브
로이하우스는 왕실의 양조

호프브로이 맥주와 문장

장이니 문장에 그려진 왕관
은 크라운입니다.

　유럽의 문장은 동양에 사는 우리들에겐 다소 생소해 보이지만,
중세의 문장이 현대에 와서 국가의 깃발이나 기업의 엠블럼으로 발
전하여 꽤 친숙해진 것도 사실입니다. 『왕좌의 게임』이나 『해리포
터』, 『반지의 제왕』 등의 판타지물에서는 문장이 중세의 배경을 더
욱 풍부하게 하기도 했습니다. 문장이 중세 수공업자의 길드까지
파고들어, 전통이 있는 맥주 양조장들이 기업 로고로 문장을 사용
한 것은 알면 알수록 흥미롭습니다.

버드와이저 상표권을 둘러싼
백년 전쟁

한때 미국에서 가장 많이 팔리던 맥주는 버드와이저였습니다. 2001년 이후 형제 맥주인 버드라이트에 왕좌를 내주긴 했지만, 아직도 미국인들은 버드와이저에 자부심을 느낍니다. 사실 버드와이저니 버드라이트니 하는 미국 안에서의 집안싸움은 크게 흥미가 나지 않을 수 있습니다. 하지만 국제 분쟁이라면 이야기가 다릅니다. 바로 버드와이저라는 이름을 두고 두 나라의 양조장이 첨예하게 싸운 상표권 백년 전쟁입니다. 중세의 백년 전쟁이 프랑스와 영국의 싸움이었다면, 이 백년 전쟁은 미국과 체코의 싸움입니다.

미국에 '맥주들의 왕'이라고 불린 버드와이저가 있다면, 체코에는 '왕들의 맥주'라는 별명을 가진 버드와이저가 있습니다. 두 버드와이저는 상표권을 두고 전 세계에서 싸움을 벌였고, 아직도 그 싸움은 끝나지 않았습니다. 이 중 먼저 양조를 시작한 체코의 버드와이저부터 이야기해 보겠습니다.

버드와이저는 원래 체코의 지역 맥주, 부데요비츠키 부드바르

체코는 대단히 맥주를 사랑하는 나라입니다. 맥주의 전체 소비량은 인구가 많은 중국이나 미국이 1, 2위를 다투지만, 1인당 맥주 소비량으로 따지자면 단연코 1등은 독일도 영국도 아닌 체코입니다. 체코의 맥주 사랑은 필스너의 도시 필젠과 수도 프라하의 덕도 있겠지만, 중세의 양조 전통이 계승된 도시 체스케 부데요비체(Ceské Budějovice)의 덕도 있습니다. 이 지역은 체코어로 부르는 이름보다 독일어로 부르는 이름이 더 유명한데, 독일어로 부드바이스(Budweis)라는 곳입니다.

중세 맥주의 도시 체스케 부데요비체(독일어 부드바이스)는 체코의 수도 프라하에서 남쪽으로 150km 정도 떨어져 있는, 남부 보헤미아 지역에서 가장 큰 도시입니다. 앞에 체스케라고 붙인 이유는 체코 모라비아 지역에 위치한 또 다른 부데요비체와 구분하기 위해서입니다. 체스케 부데요비체는 역대 보헤미아 국왕 중 가장 강력한 왕권을 수립했다는 오타카르 2세가 왕권의 기틀을 마련하기 위해

1265년에 직접 선정하고 설계해 세운 도시입니다. 이 도시는 왕실의 맥주를 양조할 수 있는 권한을 받았습니다.

이 양조 권한은 오타카르와 함께 체코에서 가장 유능한 국왕으로 칭송받는 카렐 4세 때 더 강화됐습니다. 이 도시와 맥주가 무척이나 마음에 들었던 카렐 4세는 체스케 부데요비체의 맥주를 보호하기 위해 1351년에 마일 라이트(mile rights)라는 권한을 도시에 부여했습니다. 마일 라이트란 도시의 6마일 이내에서만 맥주 양조를 허용한다는 보호 권한입니다. 카렐은 체스케 부데요비체에서 생산된 맥주를 다른 도시의 맥주와 차별화하고 싶었습니다. 그래서 이 지역에서 생산된 맥주만을 '부데요비체에서 생산된 맥주'라고 했는데, 이를 독일어로 하면 '부드바이저(Budweiser)'입니다.

하지만 시간이 흐르면서 이 맥주 법령의 강제성은 약해졌습니다. 시민들은 점점 마일 라이트를 어기고 개인 양조를 시작했고, 개인 양조까지 막을 수는 없었던 도시도 시민들과 적당히 타협합니다. 체스케 부데요비체 시의회는 1495년 단 하나의 대중 양조장을 짓고 이를 시민들이 감독하게 했습니다. 또한 대중 양조장에서는 밀맥주를 만들고, 개인 양조장에서는 흑맥주를 만들도록 하여 대중 양조와 개인 양조를 모두 허용하는 현명한 조치를 합니다.

그러던 1795년 체스케 부데요비체에 또 하나의 커다란 대중 양조장이 생겼습니다. 독일어를 사용하는 체코인들이 세운 부드바이저 뷔르거브로이(Budweiser Bürgerbräu)라는 양조장입니다. (체스케 부데요비체는 독일과 오스트리아와 가까운 지역으로 체코어를 하는 체코인과 독일어를 하는 체코인이 같이 살았습니다. 독일어 체코인은 소수였지만 양조장과 지역 기관의 소유권을 포함하여 정치적으로 커다란 권력을 누리고 있었습니다.) 이 양조장에서는 1802년부터 맥주를 생산하여 부드바이저라는 이름을 붙였습니다. 또한 1875년에 부드바이저를 미국으로 수출하는데 미국에서는 이를 영어로 버드와이저라고 불렀습니다.

한편, 1895년 체코어를 하는 체코인들은 여러 개의 양조장을 통합해 '체코 공영 맥주 양조장(Czech Joint Stock Brewery)'이라는 하나의 양조장을 세웁니다. 이 양조장이 현재 미국 버드와이저 회사인 AB InBev와 상표권 싸움을 벌이고 있는 부데요비츠키 부드바르(Budějovický Budvar)입니다. 부데요비츠키 부드바르는 오스트리아-헝가리 제국의 소유였다가, 2차 세계 대전 중에는 잠시 독일인

한국에서 판매하는 체코의 버드와이저

이 소유하였고, 전쟁이 끝난 후에는 공산당이 소유하였습니다. 그리고 여전히 살아남아 체코의 국영 기업으로 남아 있습니다.

버드와이저 상표를 먼저 등록한 앤호이저-부시

미국의 버드와이저는 앤호이저-부시 양조장이 만든 맥주입니다. 앤호이저-부시 양조장은 독일에서 미국으로 이주한 아돌퍼스 부시(Adolphus Busch)가 장인인 에버하르트 앤호이저(Eberhard Anheuser)와 함께 만든 양조장입니다. 부시는 1839년에 독일에서 태어났습니다. 그의 아버지는 와인과 맥주 양조장에 양조 부품을 공급해 주는 도매업자였습니다. 부시는 18세 때 형제들과 함께 독일에서 세인트루이스로 이주했는데, 19세기 세인트루이스는 미국에서 독일계 이민자들이 가장 많이 거주했던 정착촌으로, 커다란 맥주 시장이 자리 잡고 있었습니다. 부시는 아버지의 재산을 물려받는 대신, 아버지처럼 맥주 양조장에 양조 부품을 공급하는 도매업자의 직원으로 일했습니다. 그러다 아버지가 세상을 떠난 후, 아버지가 가지고 있던 세인트루이스의 36개의 고객사에 부품을 공급하는 도매 사업을 본격적으로 시작합니다. 이때 만났던 고객 중 하나가 바바리안 양조장의 소유주였던 앤호이저입니다. 이후 그의 딸인 릴리와 결혼해 장인과 함께 공동으로 양조장을 경영하게 됐고, 이것이 바로 앤호이저-부시 양조장입니다.

앤호이저-부시의 버드와 이저는 1876년 부시와 그 의 친구이자 주류 수입업자 였던 칼 콘래드가 유럽 여행 중 체코의 부드바이스(체스케 부데요비체)에서 마신 부드바 이저에서 영감을 얻어 만든

한국에서 판매하는 미국의 버드와이저

맥주입니다. 여행에서 돌아온 후 부시는 경험을 바탕으로 유럽의 필스너 양조 방법을 연구하기 시작했고, 부드바이스 지역의 양조 공정을 모방해 맥주를 개발합니다. 부시는 맥주를 만들고 콘래드는 포장과 판매를 담당했는데, 1878년 콘래드가 버드와이저 상표를 등록한 것이 버드와이저 상표권 백년 전쟁의 씨앗입니다. 1900년 대 초반, 부데요비츠키 부드바르가 뒤늦게 미국의 버드와이저의 상 표권을 알게 되면서 상표권 백년 전쟁이 시작됐기 때문입니다. 버 드와이저가 인기가 없었다면 지금과 같은 상표권 분쟁도 없었겠지 만, 버드와이저는 미국인들이 가장 많이 찾는 맥주가 되었습니다. 심지어 밀러도 한때 버드와이저라는 상표를 붙여 맥주를 출시했을 정도입니다.

버드와이저 상표권 백년 전쟁

버드와이저 상표권 전쟁의 두 축은 미국의 앤호이저-부시 양조장과 체코의 부데요비츠키 부드바르 양조장입니다. 상표권을 바라보는 두 나라의 관점은 이렇습니다. 미국은 체코의 부드바이저 즉 부데요비츠키 부드바르가 설립되기(1895년) 이전에 버드와이저의 상표 등록(1878년)을 했기 때문에 시간 순서상 버드와이저의 상표권이 앤호이저-부시에 있다는 주장입니다. 반면 체코는 버드와이저는 부드바이스에서 생산된 맥주만을 말하며, 맥주 이름에 지명을 사용한 만큼 원산지 보호 원칙이 먼저라는 것입니다.

1911년 쌍방은 각자의 지역에서만 버드와이저를 판매하는 걸로 동의했습니다. 즉 앤호이저-부시는 북미 지역에서만 자사의 버드와이저 상표를 사용하고, 부데요비츠키 부드바르는 유럽 지역에서만 판매할 수 있다는 합의입니다. 그래서 두 양조장은 각각 '원조(original)'라는 타이틀을 유지했습니다. 이후 두 나라는 상표권에 신경을 쓸 겨를이 없었습니다. 1차 세계 대전이 발발했고, 미국의 대공황이 있었으며, 무엇보다 미국은 알코올의 무덤(1920년부터 1933년까지 금주법의 시대)인 나라가 되었습니다. 한편, 체코는 전쟁이 끝나고 독일화에 반대하는 운동이 벌어지면서 부드바이스라는 이름 대신 체스케 부데요비체라는 체코 지역명을 사용했습니다. 그러다 1939년 두 버드와이저는 다시 한번 상호 배타적인 권한으로 상대방의 지역을 침범하지 않고 맥주를 판매하자는 합의에 이릅니다. 이 합의가 있고 난 뒤 일주일 만에 체코는 독일의 침범을 당했고, 5년 동안 주권을 상실했습니다. 소련이 독일을 물리치고 2차 세계 대전을 끝냈을 때 체코는 소련의 지배하에 들어갔고, 공산주의 체제에서 양조장은 국영 기업이 되었습니다.

미국에서 판매하는 체코의 버드와이저

　1989년 체코에서 벨벳 혁명이 일어나 공산당 정권이 무너지자, 부데요비츠키 부드바르는 세계에 맥주를 수출하는 데에 집중하기로 합니다. 그러면서 그동안 잠잠했던 앤호이저-부시와의 상표권 분쟁도 되살아났습니다. 이 상표권 소송은 전 세계에 걸쳐 백여 건이 진행됐는데 가장 대표적인 사례는 2000년대 초반 유럽과 북미 지역에서의 판결입니다. 결과적으로 체코의 부데요비츠키 부드바르는 유럽에서 버드와이저라는 이름을 사용하고, 앤호이저-부시는 북미에서 버드와이저라는 이름을 사용하게 되었습니다. 그래서 부데요비츠키 부드바르는 미국에 체흐바(Czechvar)라는 이름으로 버드와이저를 판매하고, 앤호이저-부시는 유럽에 버드(Bud)라는 이름으로 버드와이저를 판매합니다. 그 밖의 지역에서는 그 나라의 현지 법에 따라 상표를 사용할 수 있습니다. 가령 영국에서는 어느 양조장도 버드와이저에 대한 독점권을 가지고 있지 않다고 판결하여, 두 회사 모두 버드와이저를 판매할 수 있습니다.

재미있는 이야기도 있습니다. 2006년 독일 월드컵 당시 앤호이저-부시는 이 월드컵의 후원사였으나, 버드와이저라는 명칭을 사용할 수 없었습니다. 그래서 '버드'라는 이름을 사용하려고 했으나, 독일 법원은 비트브루거(bitburger)의 약칭인 비트와 헷갈린다는 이유로 이마저도 허용하지 않았습니다. 그래서 출시한 맥주 이름이 '앤호이저 부시 버드(Anheuser Busch Bud)'입니다.

버드와이저 상표권 전쟁은 현재도 세계 곳곳에서 진행되고 있습니다. 2013년 기록에 의하면, 전 세계 1백 24건의 소송 중에 부데요비츠키 부드바르가 89건에서 승리했다고 합니다. 여러분이라면 어느 쪽의 손을 들어주고 싶은가요?

순수한 맥주의 나라 독일, 베를린에 부는 크래프트 맥주 혁명

베를린에 사는 지인과 베를린 맥주와 맥주 문화에 대해 대화할 기회가 있었습니다. 베를리너는 필스너, 바이젠, 둥켈 등 독일 전통 맥주를 주로 마실 것 같지만 꼭 그런 건 아니라는 사실이 흥미로웠습니다. 베를린은 독일의 수도인 만큼 독일 전역의 다양한 스타일의 맥주가 모이는 곳이기도 하지만, 최근에는 미국식 크래프트 맥주도 크게 늘고 있습니다. 과거, 맥주의 나라라고 하면 독일이 떠올랐지만, 현대 맥주의 종주국은 단연코 미국입니다. 독일도 미국의 크래프트 맥주 혁명의 바람을 정면으로 맞고 있습니다. 젊은 베를리너들 사이에서는 미국의 크래프트 맥주가 독일의 전통 맥주를 앞지르고 있는 형국입니다.

12세기 말 상인들이 모여 형성한 베를린은 현재 인구 8백 70만의 도시입니다. 그동안 종교전쟁을 거치며 크게 파괴되기도 하고 프로이센, 나치독일의 수도를 거쳐 2차 세계 대전 후에는 분단의 상징이기도 했습니다. 그런데 이렇게 굴곡 많은 베를린의 역사에는 맥주와 관련된 굴곡도 있습니다. 19세기 후반 독일 제국이 통일될 때 맥주순수령이 독일 전역에 적용된 일과, 동독과 서독이 통합되었을 때 동독의 일부 맥주가 맥주순수령에 맞지 않아 소송에 휘말린 사건을 들 수 있습니다.

독일의 통일과 맥주순수령

독일의 맥주순수령은 독일 남부에서는 엄격하게 지켜졌지만, 독일 북부에서는 부가 재료를 사용한 다양한 맥주 제조법이 엄연히 존재했습니다. 예를 들면, 베를린의 베를리너 바이세, 밤베르크의 라우흐비어, 쾰른의 쾰쉬, 라이프치히의 고제 그리고 수많은 수도원 맥주가 있습니다. 이 중 베를리너 바이세는 발효 과정에 젖산을 사용하고, 고제는 소금이나 고수를 첨가하여 만드니 맥주순수령과는 거리가 먼 맥주입니다.

맥주순수령이 독일 전역으로 확대된 것은 1871년 프로이센이 독일 제국을 통일한 이후입니다. 유럽의 변방이었던 프로이센은 북독일을 중심으로 관세동맹을 맺고 경제 통합을 이룬 후, 황제 빌헬름 1세 시절의 재상이었던 비스마르크는 경제적인 통일뿐만 아니라 정치적으로도 독일 통일을 추진합니다. 오스트리아와 바이에른을 제외한 북독일 연방을 창설한 프로이센은 1871년, 프랑스와의 전쟁에서 승리한 후 프랑스의 심장 베르사유에서 독일 제국을 선포합니다. 하지만 이 독일 제국에 남부 독일은 포함되지 않았는데, 남부 독일의 중심이 바로 맥주순수령의 고향, 바이에른입니다.

바이에른이 독일 제국의 일부가 되는 것은 쉬운 일이 아니었습니다. 북부 독일과 남부 독일은 달라도 너무 달랐기 때문입니다. 바이에른은 30년 전쟁에서 가톨릭 연맹 편에 서서 싸웠을 정도로 전통적인 가톨릭 국가지만, 프로이센은 개신교가 중심이었습니다. 또 '독립 국가'의 존속을 원하는 바이에른 민족주의자들의 목소리도 있었습니다. 하지만 시대적 요구에 따라 결국 독일 제국에 포함되면서 바이에른이 내세운 조건이 바로 '독일 전역에서 맥주순수령을 따라 맥주를 만들 것'이었습니다. 바이에른의 맥주순수령은 독일 전역에서 극심한 반대에 부딪혔습니다. 하지만 프로이센은 이를 강력하게 강제했고, 북독일의 수많은 양조법과 과일이나 향신료를 넣은 맥주는 자취를 감췄습니다. 때문에 베를리너 바이세를 포함한 북독일의 맥주들은 그 명맥만 간신히 유지할 수 있었습니다.

베를린의 맥주에 대해 조금 더 이야기를 해보겠습니다. 베를리너 바이세는 독일 베를린 주변 지역에서 유래한 맥주 스타일로 17세기에서 20세기에 걸쳐 독일 북부에 광범위하게 퍼져 있었습니다. 베를리너 바이세의 특징이라면 은은

베를리너 킨들의 전통 베를리너 바이세와 독일 크래프트 맥주의 베를리너 바이세

한 신맛과 시큼함 그리고 과일 캐릭터입니다. 이 맛에 반한 나폴레옹이 베를리너 바이세를 '북쪽의 샴페인'으로 치켜세웠다는 일화도 있습니다. 이 맥주가 베를린에 탄생한 이유에는 여러 설이 존재합니다. 18세기 프랑스 이민자들이 베를린으로 이주했을 때, 플랜더스를 거쳐오면서 플랜더스 레드 에일이나 브라운 에일의 양조 기술을 베를린 맥주에 접목했다는 설도 있고, 원래부터 베를린에서 인기 있었던 스타일로, 함부르크의 알려지지 않은 맥주 스타일을 모방한 것이라는 설도 있습니다. 19세기 베를리너 바이세의 인기가 최고조에 달했을 때는 베를린에만 7백 개의 전문 양조장이 있었다고 합니다. 어느 양조장의 맥주든 다양한 신맛이 나 강한 신맛을 줄이기 위해 이 맥주에 다양한 시럽을 첨가하여 마시는 것이 대중화되었습니다. 녹색 우드러프* 시럽과 빨간색 라즈베리 시럽을 넣은 것이 가장 일반적입니다.

---

* 우드러프(woodruff)는 우리말로 '선갈퀴'라는 식물로, 독일에서는 시럽 형태로 와인이나 맥주에 섞어 마시기도 합니다. 맥주에 섞으면 특유의 허브 향을 입히고 녹색을 띠게 합니다.

20세기에 들어 베를리너 바이세는 라거의 인기에 밀리면서 대중의 관심에서 멀어졌습니다. 7백여 개의 전문 양조장은 2차 세계 대전이 끝날 즈음에 고작 10개만 남아 있었고, 베를린이 동서로 분리된 이후에는 서베를린에 3개, 동베를린에 1개만 남아 있다가, 현재는 오직 베를리너 킨들 양조장만 정통 브랜드로 베를리너 바이세를 생산하고 있습니다. 베를리너 바이세는 유럽의 원산지 보호를 위한 통제 규약의 보호를 받습니다. 베를린 이외의 지역에서 생산된 맥주에는 이 이름을 사용할 수 없죠. 하지만 이 맥주가 부활한 건 원산지 보호 덕분이 아니라 미국의 크래프트 맥주 양조장 덕분입니다. 그들은 베를리너 바이세를 모방한 베를리너 바이세 스타일을 만들어 죽음의 문턱을 넘은 베를리너 바이세를 재탄생시켰습니다. 지금은 미국뿐만 아니라 독일의 여러 크래프트 맥주 양조장도 베를리너 바이세를 생산하고 있습니다.

브란덴부르크 맥주 전쟁

동독과 서독이 통일될 즈음 맥주순수령과 지역 맥주가 부딪친 사건도 있습니다. 10년간 독일을 떠들썩하게 만든 '브란덴부르크 맥주 전쟁'입니다.

동독의 브란덴부르크 지역에 있는 노이첼레 브루어리는 1589년에 설립된 노이첼레 수도원에 딸린 양조장으로 역사가 오래된 곳입니다. 이 양조장에서는 대대로 슈바르처 압트(Schwarzer Abt, 슈바르츠비어 스타일의 블랙 라거)라는 흑맥주를 만들어 왔습니다. 이 맥주는 제조 과정 중 소량의 설탕을 사용하여 발효를 촉진하는데, 독일이 통일되기 전까지는 별문제가 아니었지만, 통일 후에는 이 양조법이 문제가 되기 시작했습니다. 서독에서는 독일 맥주법을 엄격하게 지키고 있었고, 독일의 맥주법은 맥주순수령을 기초로 해 맥주 재료를 엄격히 제한했기 때문입니다. 심지어 강화제나 이산화탄소 주입도 허용되지 않습니다. 특별 맥주로 인정되는 일부 맥주는 예외로 두긴 했습니다만, 슈바르처 압트는 특별 맥주로 인정되지 않았고, 결국 독일 농림부로부터 '이 맥주는 설탕을 부가 재료로 사용하기 때문에 맥주라는 이름을 쓸 수 없다'라는 주의 조치를 받습니다. 이에 노이첼레는 브란덴부르크주 정부와 여러 차례 협상을 벌인 끝에 맥주 양조권은 받아냈지만 끝내 맥주 이름에 'Bier'를 붙일 수는 없었습니다. 이를 받아들일 수 없었던 노이첼레는 맥주세를 내지 않으면서 10년 가까운 기간 동안 법정 공방을 이어갑니다. 이게 브란덴부르크 맥주 전쟁입니다.

이 맥주 전쟁은 1993년 브란덴부르크주 정부가 슈바르처 압트의 생산과 맥주 라벨을 허용하면서 끝이 납니다. 그리고 이 소송 덕분에 독일의 맥주법도 유연하게 변화했습니다. 독일의 라거는 기존처럼 맥주순수령에 따라 만들어야 했지만, 에일 맥주에는 부가 재료를 사용하는 것이 허용된 것입니다.

노이첼레의 슈바르처 압트에는 재미있는 일화가 더 있어 조금 소개해 보겠습니다. 독일어로 슈바르츠(schwarz)는 '검다'라는 뜻이고, 압트(Abt)는 '수도원장'입니다. 그러니까 슈바르처 압트는 '검은 수도원장'이라는 의미인데, 이 검은 수도원장이 교황의 축복을 받은 일이 있었습니다. 기나긴 맥주 전쟁에서 승리한 노이첼레는 그 자체

슈바르처 압트 생산 과정 중에서 교황에게 축복받은 맥주를 넣고 있는 모습 (사진 출처: 유튜브 손맥주)

가 독일 최고 사법기관에서 받은 축복이라고 여기고, 이 축복받은 맥주를 들고 진짜로 가톨릭의 축복을 받으러 프란체스코 교황을 찾아갑니다. 교황은 슈바르처 압트 맥주병에 직접 축복을 내려 주었습니다. 이 병은 지금도 맥주를 만들 때 맥주 워트에 담기도록 설치되어 있습니다. 이렇게 하는 이유는 교황에게 받은 축복이 슈바르츠 압트를 마시는 행위를 통해 전파되기를 바라는 마음 때문이라고 합니다.

1993년의 브란덴부르크 맥주 전쟁의 판결은 독일 크래프트 맥주의 기폭제가 됩니다. 전통적으로 맥주의 순수성만을 강조해 왔던 독일이 다양한 부가물을 사용하고 창의적인 방법으로 맥주를 재탄생시키는 미국의 크래프트 맥주 철학을 적극적으로 받아들이는 계

기가 된 것입니다. 베를린에서는 1990년대 후반부터 크래프트 맥주 양조장이 자리 잡기 시작하여 현재는 10여 개 안팎의 양조장에서 수백 종의 크래프트 맥주를 생산하고 있습니다.

베를린에서 최초로 문을 연 현대적 의미의 크래프트 맥주 양조장은 렘케(Lemke) 브루어리입니다. 렘케는 1999년에 설립되어 필스너, 바이스비어, 둥켈 등의 전통적인 독일 맥주 스타일뿐만 아니라 미국식 페일 에일, IPA, 스타우트 등 다양한 맥주를 양조하고 있습니다. 최근에 렘케의 맥주를 마셔 보고 독일에서 만드는 미국식 크래프트 맥주의 의미를 되새기게 되었습니다.

초기 베를린의 크래프트 맥주 양조장이 독일 스타일의 정통 맥주를 기본적으로 하면서 미국식 크래프트 맥주를 양조하였다면 최근에는 처음부터 미국식 크래프트 맥주만을 만드는 양조장도 등장했습니다. 그 대표적인 경우가 푸어스트 비아체크(Fuerst Wiacek) 브루어리입니다. 푸어스트 비아체크는 2016년에 게오르크와 루카스라는 두 명의 젊은이가 뉴 잉글랜드 IPA만을 전문적으로 양조하겠다는 야심으로 만든 현대적인 맥주 양조장입니다. 생산하는 맥주가 50종이 넘을 만큼 다양한 뉴 잉글랜드 IPA를 만듭니다.

그럼 브란덴부르크 맥주 전쟁에서 승리한 노이첼레 양조장의 다음 행보는 어땠을까요? 노이첼레는 독일에서 흔히 볼 수 없는 스타일의 맥주를 만들면서 더욱 과감한 도전을 하고 있습니다. 예를 들면, 몸에 좋은 스피룰리나가 들어 있는 노화 방지 맥주라든가 산딸

기를 사용한 맥주, 감자를 활
용한 맥주 등 40여 종의 다
양하고 실험적인 맥주를 생
산합니다. 최근에는 물에 타
먹을 수 있는 분말 형태의
맥주, 일명 맥주 파우더를 개
발하여 세간의 주목을 받았
습니다. 이 맥주 파우더 45g
을 물에 타면 맥주 한 병 정

노이첼레 브루어리의 다양한 맥주들 (사진 출처:
노이첼레 홈페이지)

도가 완성된다고 합니다. 현재는 시제품 단계로 무알코올 맥주만
생산할 계획이지만, 앞으로 필스너와 흑맥주까지 개발한다고 합
니다.

2장

맥주는 어떻게 역사가 되었을까?

맥주의 도시에서 성장한
합스부르크 가문의 황제 카를 5세

2023년, 국립중앙박물관에서 열린 '합스부르크 600년 매혹의 걸 작들'이라는 제목의 전시회에 다녀왔었습니다. 합스부르크 왕가가 수집하고 오스트리아의 빈미술사박물관이 소장한 대표 미술품들을 소개하는 전시회였습니다. 합스부르크 가문은 독일의 황제에게 충성하는 스위스의 작은 가문으로 시작해 유럽에서 영국과 프랑스를 제외한 대부분의 지역을 지배한 제왕의 가문으로 1차 세계 대전 때까지 존속했던 왕가입니다. 특히 오스트리아를 거의 600년 동안 지배했습니다. "다른 이들은 전쟁을 하게 두어라, 너 행복한 오스트리아여, 결혼하라."라는 말로 유명한 이 가문은 전쟁보다는 다른 유럽 왕가와의 혼인으로 크게 확장하였습니다. 집안 내의 잦은 근친상간으로 생긴 집안 내력인 주걱턱과 열성 유전자는 이 가문을 위험에 빠뜨리기도 했습니다. 맥주를 말하는 자리에서 웬 전시회 타령, 왕가 타령인가 하겠지만, 이유가 있습니다. 이 전시회를 다녀오고 나서 합스부르크 가문에서 가장 영광스러운 시절을 보낸 황제와 그와 관련된 맥주 하나가 생각났기 때문입니다.

맥주 이름에 그 지역의 유명한 인사나 성인의 이름을 사용하는 경우는 종종 있습니다. 예를 들면, 슈나이더 양조장의 맥주 아벤티누스는 양조장이 있는 도시에서 활동한 성인 아벤티누스에서 따왔고, 벨기에 플랜더스 레드 에일인 듀체스 드 부르고뉴는 '플랜더스 지방을 다스린 여공작'이라는 뜻입니다. 맥주 구덴 카롤루스는 양조장이 있는 벨기에 메헬렌 지방에서 유년기를 보낸 카를 5세와 관련이 있습니다.

메헬렌에 있는 헷 앙커(Het Anker) 양조장은 '구덴 카롤루스(Gouden Carolus)'라는 시리즈의 맥주를 생산합니다. 카롤루스(Carolus)는 라틴어로 카를을 말합니다. 구덴(Gouden)은 저지대 독일 지방에서는 '하우든'이라고 읽는데 영어로 '금(Gold)'이라는 뜻입니다. 그러니까 구덴 카롤루스는 '카롤루스의 금화'라는 의미로 과거 벨기에 지역에서 유통되었던 영광스러운 황제의 통화를 말합니다.

구덴 카롤루스 맥주를 생산하는 헷 앙커 양조장 (사진 출처: instagram@cafe.de.mechelen)

카를 5세를 기념하는 맥주 구덴 카롤루스

합스부르크 가문에서 가장 유명한 황제를 뽑자면 카를 5세가 아닐까 합니다. 1500년에 태어난 카를 5세는 태어날 때부터 물려받은 넓은 영토를 주변 대국과 잦은 전쟁을 치르며 사망할 때까지 지켜낸 인물입니다. 아버지인 필리프 1세가 일찍 죽었기 때문에, 할아버지(신성로마제국의 황제 막시밀리안 1세)에게서 독일, 오스트리아 등의 지역을, 할머니(부르고뉴 공작)에게는 부르고뉴 지방을 물려받았습니다. 게다가 스페인 왕국의 유일한 상속녀였던 어머니 후아나는 스페인과 네덜란드, 이탈리아에 이르는 대제국을 물려주었습니다. 이 유산에는 스페인이 정복한 남아메리카와 아시아의 식민지까지 포함되어 있었습니다. 이렇다 보니 이 넓은 제국에서 그를 부르는 이름도 제각각이었습니다. 가령, 카를 5세Karl V는 독일과 오스트리아 등 신성로마제국에서 부르는 이름입니다. 스페인에서는 카를로스 1세Carlos I라고 하고 이탈리아에서는 카를로 4세Carlo IV입니다. 지금의 프랑스 영토인 부르고뉴에서는 샤를 2세Charles II라 불렸습니다.

카를 5세는 벨기에 플랑드르 지방의 헨트(Ghent)에서 태어났습니다. 하지만 어머니 후아나가 외할머니인 스페인 여왕 이사벨라의 사망으로 왕위를 물려받기 위해 아버지와 함께 스페인으로 떠나, 카를을 포함한 8남매는 고모인 마르가레테의 도시에서 어린 시절을 보내게 됩니다. 그곳이 바로 메헬렌입니다.

왕위를 차지하기 위해 자식마저 버리고 간 부모라니 비정해 보이
지만 이유가 있습니다. 바로 어머니 후아나의 정신병입니다. 후아나는 자
식을 키울 수 없을 정도로 광기가 심했다고 전해집니다. 어머니 후아나와
아버지 필리프의 별명을 알아두면 당시 상황을 이해하는 데 도움이 되는
데, 각각 '광녀 후아나', '미남공 필리프'로 불렸습니다. 주경철의 《유럽인
이야기》에서 보면, 장남 카를을 낳은 후 후아나는 신경증과 기절 등의 증
세를 보였다고 합니다. 그중 하나가 남편에 대한 한도 끝도 없는 애정이었
는데 아름답기보다는 끔찍한 집착에 가까워서 자기 아들에게도 전혀 관
심이 없었다고 합니다.

1517년 성인이 된 카를은 제국을 통치하기 위해 이 도시를 떠났
고, 2년 뒤 할아버지 막시밀리안 1세가 사망하자 신성로마제국의
황제로 선출되었습니다. 황제가 된 카를은 일생을 전쟁 속에서 보
냈습니다. 프랑스와는 이탈리아 정복을 위해 싸웠고, 하필이면 오
스만 제국 역사상 가장 뛰어나다는 술탄 쉴레이만 1세를 상대로 육
지에서나 바다에서나 꽤 고된 전쟁을 치렀습니다. 또한 마틴 루터
의 종교개혁으로 시작된 가톨릭과 개신교와의 종교전쟁도 이 시기
였습니다. 카를의 말년은 쓸쓸했습니다. 힘이 빠진 카를은 제국을
나누어 스페인은 아들 펠리페 2세에게, 신성로마제국은 동생 페르
디난트 1세에게 물려주었습니다. 이때부터 합스부르크 가문은 스

페인 합스부르크와 오스트리아 합스부르크로 나뉘게 됩니다(1556년). 이후 카를은 남은 인생을 수도원에서 신경쇠약과 심한 통풍으로 고생하면서 보냈습니다. 퇴위 2년 만에 말라리아로 사망했지만 죽을 때까지 맥주를 실컷 마셨다고 합니다.

황제 카를은 제국을 동생과 아들에게 나눠주고, 수도원에서 생을 마감했습니다

　　메헬렌의 헷 앙커 양조장은 1471년에 설립되었고 1904년에 지금의 이름으로 바뀌었습니다. 설립 당시 이곳의 공작이었던 샤를 1세(용담공 샤를이라는 별명이 있으며, 카를의 외할머니 마리의 아버지)는 이 양조장에 대한 소비세와 세금을 감면하여 맥주 생산을 장려했다고 합니다. 구덴 카롤루스 맥주는 2차 세계 대전 이후 생산된 맥주이지만, 이러한 역사적인 배경을 생각해보면 세계 대전을 이겨내고 살아남은 양조장이 카를의 영광스러운 이름을 맥주에 붙인 것은 자연스러운 것입니다.

중요한 건 꺾이지 않는 마음, 크래프트 맥주의 모든 것은 메이택이 시작했다

'태초에 맥주가 있었다.' 이 명제를 '태초에 크래프트 맥주가 있었다'로 바꾸면 떠오르는 인물이 한 명 있습니다. 태초라고 하면 하늘과 땅이 처음 생겨난 아주 오래된 때를 말하는 것이겠지만, 맥주 생태계에서 크래프트 맥주의 '태초'는 고작 반세기 전을 말합니다. 모든 시작은 프리츠 메이택(Fritz Maytag)입니다. 메이택은 미국에 마이크로 브루잉 즉 크래프트 맥주가 없던 시절 처음으로 크래프트 맥주를 만든 인물입니다. 메이택이 있었기에 시에라 네바다 브루잉도 브루클린 브루어리도 생겨난 것입니다.

일본과 영국에서 잠시 살기도 했던 자유주의자 메이택이 히피

운동의 진원지인 자유도시
샌프란시스코에 자리를 잡
은 건 맥주를 좋아하는 팬들
에겐 행운입니다. 메이택이
원래부터 소규모 양조에 통
찰력을 발휘한 인물은 아니
었습니다. 그저 밤이 되면 동

프리츠 메이택(1937~), 1984년의 모습

네를 어슬렁거리면서 맥주를 즐기는 부잣집 도련님일 뿐이었습니
다. 그는 샌프란시스코의 올드 스파게티 팩토리라는 오래된 장소
에서 자주 놀곤 했는데, 그곳이 영국의 동네처럼 편했다고 합니다.
밤이면 친구들을 만나 맥주 몇 잔을 마시고 돌아오던 메이택에게
어느 날 프레드라는 친구가 앵커 양조장에 가 본 적이 있냐고 물었
습니다. 다음 주면 그 양조장이 문을 닫을 것 같은데, 메이택이 보
면 분명 좋아할 것이라고 말이죠. 나중에 밝혀진 사실이지만 앵커
양조장은 당시 메이택이 돈을 빌려주거나 양조장을 인수하기를 바
라고 있었습니다. 메이택이 앵커 양조장을 방문했을 때 양조장을
사게 될 줄은 몰랐지만, 이미 그는 양조장의 매력에 푹 빠져 버렸고
다음 날 서둘러 양조장을 인수해 버렸습니다. 보통 사람이라면 마
음을 먹는다고 해서 양조장을 살 수 있는 것은 아니지만, 메이택은
보통 사람이 아니었습니다. 앞서 메이택을 동네의 부잣집 도련님이
라고 말했는데, 사실 그는 메이택 세탁기로 유명한 메이택 가전 회

앵커 브루잉(1965년 설립), 2020년

사의 상속인이었습니다. 그의 본명은 프레데릭 루이 프리츠 메이택 3세, 아버지는 메이택 2세, 증조할아버지가 메이택을 설립한 메이택 1세입니다. 뼈대 있는, 돈 많은 집안이라는 뜻입니다. 메이택 가전 회사는 현재 월풀에 인수되었지만, 여전히 직원 2천 5백여 명이 근무하고 한 해 50억 달러를 벌어들이는 큰 기업입니다.

여기까지 들으면 자칫 돈 많은 백수가 취미로 맥주를 만들었나 보다고 생각할 수도 있겠지만 전혀 그렇지 않습니다. 그는 소규모 양조에 열정을 다했고, 싸구려 맥주가 지배하는 시장에서 차별성을 둔 맥주를 만들기 위해 최선을 다했습니다. 지루하고 지난한 과정이었습니다. 생산된 맥주는 자주 오염되었고, 맥주를 팔기 위한 판로는 험했으며 자산이 떨어져 대출도 받아야 했습니다. 메이택이 쉽게 포기했더라면 현재의 크래프트 맥주는 없었을 것입니다. 있었더라도 한참은 늦었을 것입니다. 그리고 그가 있었기에 후대의 양조가들이 영감을 받고 크래프트 맥주 시장에 뛰어들 수 있었습니다.

메이택은 1965년 28살 나이에 앵커의 지분 51%를 매입했습니다. 그리고 3년 후에 나머지 지분을 모두 사들였습니다. 앵커는 캘리포니아 골드러쉬 시절부터 샌프란시스코에 뿌리를 내린 미국에서 가장 오래된 양조장 중 하나입니다. 메이택이 앵커를 인수한 초기, 양조장 규모는 아주 작았습니다. 한 번에 55배럴 정도 양조하고 한 달에 한두 번 양조했다고 하니, 1년에 고작 1천 배럴(약 12만 리터) 정도의 맥주를 생산하는 작은 양조장이었습니다. 이마저도 전부 팔지를 못했습니다. 판매하기 전에 시큼하게 변해 버려 항상 판매할 수 있는 양보다 많은 양을 양조했다고 합니다. 앵커는 당시 미국에서 가장 작은 양조장이었습니다.

메이택이 앵커에 투자했을 때 미국에는 50여 개의 지역 양조장이 있었습니다. 하지만 그마저도 앤호이저-부시나 밀러와 같은 대기업에 밀려 설 자리를 잃어 가고 있었습니다. 맥주 대기업은 규모 면에서 이점을 가지고 있습니다. 대량으로 재료를 구입하여 남들보다 싸게 구입할 수 있다거나 유통 채널을 이용하여 미국 전역에 널

앵커 브루잉의 스팀 비어 (사진 출처: 인스타그램 @koal.jino)

리 맥주를 공급할 수 있었기 때문입니다. 게다가 마케팅에 큰돈을 들여 TV나 라디오로 지역의 맥주보다 대기업의 맥주가 낫다는 식으로 광고하고 있었습니다. 앵커와 같은 소규모 양조장은 동등한 입장에서 경쟁할 수가 없었습니다. 당시 대부분의 미국인은 버드와이저나 쿠어스 같은 맥주를 마시거나 하이네켄이나 벡스 같은 유럽 맥주를 마셨습니다. 간혹 풍미가 있는 맥주도 수입되고 있었지만 대부분 옥수수와 쌀이 첨가된 싱겁고 풍미가 약한 부가물 라거를 마셨습니다. 이런 라거의 한복판에서 메이택이 선택한 맥주는 풍미가 풍부한 올몰트 맥주였습니다. 앵커의 오리지널 맥주인 스팀 비어의 레시피와 양조 과정을 손봐 다시 내놓기로 한 것입니다.

그는 당시 미국의 거의 모든 맥주가 순하고 가벼운 라거였기 때문에 풍미가 진한 맥주가 차지할 수 있는 지점이 있을 거라 생각했습니다. 가령 시간대마다 어울리는 맥주도 다를 것이며, 맥주를 그저 청량하게 마시는 것이 아니라, 씹듯이 음미할 수도 있을 것이라고. 물론 기네스 스타우트 같은 맥주도 있었지만, 미국 맥주 중에는 이런 맥주가 없었습니다. 당시 올몰트의 진한 풍미를 내는 맥주를 생산하는 유일한 양조장이 바로 앵커였습니다. 메이택의 예상이 맞았습니다. 스팀 비어에 반한 사람들이 생기기 시작했습니다.

10년쯤 지나자 앵커는 초기보다 10배 이상의 맥주를 생산하는 양조장이 되었습니다. 앵커 맥주가 인기를 끌자, 생산량 부족의 문제로 어쩔 수 없이 양조장을 이전해야 했습니다. 메이택은 자본을 늘리기 위해 고민하면서도 품질에 대한 고민을 잃지 않았습니다. 왜냐하면 메이택은 평소 '크기가 품질의 적'이라고 생각했기 때문입니다. 그럼에도 불구하고 메이택은 양조장을 이전할 수밖에 없었고, 양조장 이전에 큰 비용을 지불했습니다. 메이택이 아무리 부잣집 도련님이라고 해도 무한히 들어가는 비용은 어쩔 수가 없었나 봅니다. 가능한 모든 돈을 빌렸지만, 그것으로 충분하지 않아 가진 모든 것을 담보로 잡아야만 했습니다. 당시 미국의 이자율이 20%대였다고 하니 메이택의 가족은 모든 것을 잃고 길거리에 텐트를 쳐야 할 수도 있는 상황이었습니다. 이 사실을 알고 '메이택의 상속자니 재정적으로 별 어려움 없었을 거'라는 제 선입견이 깨졌습니다. 사실은 아무리 부자라고 해도 가진 모든 것을 모두 걸어야 하는 사업이었던 것입니다. 중간에 포기하지 않고 끝까지 해내, 결국은 미국 크래프트 맥주의 전성기를 이끈 그의 신념에 박수를 보냅니다.

메이택은 동료 양조가들에도 많은 영향을 주었습니다. 신생 양조가들과 경쟁하기보다 그들에게 양조 기술을 전수하고 크래프트 맥주의 시장 규모를 키우는 방향을 선택했습니다. 메이택의 영향을 받은 대표적인 인물이 서부의 켄 그로스만(Ken Grossman)과 동부의 스티브 힌디(Steve Hindy)입니다.

그로스만은 캘리포니아 치코 지방에서 작은 자전거 가게를 운영하고 있었는데, 그대로는 인생이 너무 지루할 것 같아 홈 브루잉 재료와 장비를 파는 가게로 전업했습니다. 하지만 이것도 그의 가슴을 뛰게 하는 일이 아니었습니다. 그러던 중 1978년 샌프란시스코에서 열린 와인 및 맥주 무역 박람회에서 메이택을 만났습니다. 이때 메이택은 앵커 브루어리 투어를 진행하고 있었는데, 그로스만은 메이택과 여러 세대를 거쳐 양조장을 운영해 온 선배 양조가들과 어울리면서 양조장을 차리기로 결심했다고 합니다. 운명적 영감이 인생을 바꾼 겁니다. 1980년, 그렇게 시에라 네바다 브루잉이 시작되었습니다. 시에라 네바다는 현재 직원 수가 천 명이 넘고 연간 백만 배럴이 넘게 맥주를 생산하는 큰 기업으로 성장했습니다. 그로스만은 크래프트 맥주만 팔아 '조만 장자'가 되었습니다. 메이택과 함께 미국 크래프트 맥주의 뿌리를 내리는 데 큰 공을 세웠으며, 후대 양조가들의 꿈이자 자부심이 되었습니다.

미국 동부에는 너무나도 유명한 맥주 양조장이 있습니다. 영문자 B를 형상화한 'BROOKLYN BREWERY' 로고가 인상적인 곳입니다(이 로고는 'I♥NY'을 만든 밀톤 글레이저의 작품입니다). 이곳의 창업

시에라 네바다 브루어리(1980년 설립)

자 스티브 힌디도 메이택의 영향을 받았다고 스스로 밝혔습니다. 6년간 AP 통신 특파원으로 중동에서 근무하면서 동료가 몰래 홈 브루잉하면서 맥주를 마시는 걸 지켜봤던 힌디는, 중동에서 브루클린으로 돌아온 후 미국 서해안에서 시작된 마이크로 브루어리 이야기를 들었습니다. 여기서 마이크로 브루잉의 사업적 가능성을 본 힌디는 같은 아파트에 사는 친구인 톰 포터를 설득하여 1988년에 본격적으로 브루어리를 설립했습니다. 힌디는 선배들의 양조 경험과 당시의 이야기를 책으로 남기기도 했는데, 바로《The Craft Beer Revolution》입니다. 많은 강연과 교육 활동으로도 유명하고, 맥주에 관한 많은 저작과 강연 활동을 하는 '가렛 올리버'도 브루클린의 책임양조사입니다.

2024년 4월 미국 브루어 협회에 등록된 자료에 의하면, 연간 1만 5천 배럴 이하를 생산하는 마이크로 브루어리가 1천 9백 70개, 연간 6백만 배럴 이하로 생산하는 지역 브루어리가 2백 59개입니다. 연간 6백만 배럴 이상을 생산하면 일반(Large) 브루어리로 분류되는데, 그 수는 71개밖에 되지 않습니다. 메이택이 앵커 브루어리를 인수할 당시에는 오직 1개의 마이크로 브루어리와 1백 82개의 일반 브루어리가 있었습니다. 1984년에는 마이크로 브루어리는 조금 늘어 18개였고, 반대로 일반 브루어리는 크게 줄어 76개였습니다. 이렇게 보니 일반 브루어리는 줄어든 반면 크래프트 브루어리는 폭발적으로 성장했습니다. 이 모든 것의 태초에 메이택이 있었던 것입니다.

최근 내세울 만한 크래프트 브루어리들이 대기업에 많이 매각되었습니다. 매각 금액은 상상을 초월합니다. 2015년 콘스텔레이션 브랜드가 발라스트 포인트를 인수한 가격은 10억 달러, 하이네켄이 라구니타스의 지분 50%를 인수한 가격은 5억 달러입니다. 메이택이 미국에서 가장 작은 양조장을 시작했을 때, 크래프트 맥주를 팔아 조만 장자가 될 수 있다고 상상이나 했을까요? 하지만 덕분에 더 이상 '크래프트'라는 타이틀을 사용하지 못하게 된 브루어리도 많습니다. 왜냐하면 '크래프트 브루어리'라고 칭하려면 대기업을 포함한 외부 자본이 25%를 넘지 않아야 하기 때문입니다. 대표적인 사례가 AB InBev에 매각된 구스 아일랜드, 하이네켄에 매각된 라구니타스, 콘스텔레이션 브랜드에 매각된 발라스트 포인트입니다. 참고로 브루클린도 기린에 일부 지분을 매각했지만 25%를 넘지 않아(24.5%) 크래프트 타이틀을 유지하고 있습니다

한편, 앵커 양조장도 2017년 삿포로 미국 법인에 8천 5백만 달러의 가격에 매각되었습니다. 직전 앵커의 한 해 매출이 3천 5백만 달러였다고 하니 한 해 매출의 2.5배 정도에 매각된 셈이지만, 다른 크래프트 맥주 양조장의 매각에 비하면 그리 큰 금액으로 느껴지지는 않습니다. 메이택은 이미 2010년에 앵커를 팔았기 때문에 더 이상 주인은 아닙니다. 하지만 메이택이 꿈꾸던 크래프트 양조장의 이상은 대기업에 높은 가격으로 파는 것은 아니었을 것입니다. '크기가 품질의 적'이라는 신념을 가졌던 메이택은 어떤 심정이었을까요? 안타깝게도 앵커는 2023년 문을 닫았습니다. 수익성이 떨어져 삿포로가 폐쇄를 결정했기 때문입니다. 이 일로 삿포로는 미국인들의 자부심에 큰 상처를 입혔습니다.

제가 미국 크래프트 맥주에 관한 글을 쓰려고 한 이유는 마트에서 브루클린 필스너를 발견했기 때문입니다. '이야~ 브루클린의 맥주를 마트에서 다 보네'라는 심정이었습니다. 한때, 그러니까 2010년대 초중반쯤 대형 마트에 수입 맥주가 황금기를 이루던 시절이

있었습니다. 벨기에의 유명 트라피스트 맥주라든가 미국의 '홉 레이싱' IPA나 '황제' 타이틀을 단 스타우트가 줄지어 있었습니다. 그러나 생각만큼 팔리지 않았던지 이런 맥주들은 이제 바틀샵이 아니면 찾아보기가 힘들어졌습니다. 물론 대기업의 힘을 얻은 일부 크래프트 맥주들은 마트와 편의점까지 파고들어 꾸준히 유통되고 있습니다. 대표적인 것이 사무엘 아담스(보스턴 비어는 크래프트 맥주의 대기업), 구스 아일랜드(AB InBev 소유), 라구니타스(하이네켄 소유), 빅웨이브(코나 브루잉) 등입니다. 그러던 중 최근 브루클린 필스너를 마트에서 보게 된 것입니다. 브루클린은 제게 조금 특별합니다. 스티브 힌디가 쓴 《The Craft Beer Revolution》을 감명 깊게 읽었기 때문입니다. 이러한 이유로 브루클린의 맥주에 더욱 반가운 기분이 들었고, 바로 글 쓰기에 욕심을 냈습니다. 처음에는 '마트에서 즐길 수 있는 미국 크래프트 맥주'라는 주제로 쓰려고 했지만, 보면 볼수록 크래프트 맥주의 시대를 연 프리츠 메이택의 매력에 빠져들었습니다. 우리가 지금 이렇게 크래프트 맥주를 즐길 수 있는 것은 그가 포기하지 않고 길을 개척했기 때문입니다. '중요한 건 꺾이지 않는 마음'이었습니다.

그는 크래프트 길을 낸 불도저이자 굴착기였고, 우리는 지금 그가 닦은 길을 달리고 있습니다. 그리고 그가 개척한 길은 전 세계에 거미줄처럼 이어져 있습니다. 여러분이 크래프트 맥주의 팬이라면 메이택을 한 번쯤 기억해 주길 바랍니다.

이것은 맥주 공룡의 이야기.
AB InBev가 맥주 공룡이 되기까지

미국에서 가장 많이 팔린 맥주 브랜드는 무엇일까요? 버드라이트나 버드와이저가 바로 떠오른다면 상당한 맥주 긱스(Beer Geeks)에 속합니다. 그런데 최근의 기사에서 20년간 독주한 버드라이트를 끌어내리고 새롭게 1위를 차지한 맥주가 나왔다고 합니다(한국경제 2023년 11월 8일 기사). 멕시코의 맥주 모델로가 그 주인공입니다. 버드라이트가 1위를 뺏긴 데에는 동성애와 트랜스젠더를 옹호하는 마케팅으로 대중의 반감을 산 탓도 있지만, 그보다는 미국인들의 맥주 취향이 변했고 히스패닉의 인구가 증가하는 등 복합적인 원인이 있었다고 합니다. 그런데 사실 버드라이트와 모델로는 같은 회사의 제품이라고 합니다. 사실일까요? 반은 맞고 반은 틀립니

미국에서 버드라이트를 제치고 판매량 1위를 차지한 멕시코의 맥주 모델로

다. 버드라이트의 회사인 AB InBev가 모델로의 회사인 그루포 모델로를 인수하기는 했지만, 그루포 모델로의 미국 내 판매권은 다른 곳에 매각하고, 미국 외 지역에서의 판권만 가지고 있기 때문입니다.

AB InBev는 맥주 브랜드 수만 6백 30개가 넘는 전 세계에서 가장 큰 맥주 회사입니다. 이렇게까지 커진 이유는 AB InBev가 맥주 회사를 잡아먹는 공룡이기 때문이었습니다. AB InBev에서 그루포 모델로와 같은 인수 합병은 이번이 처음이 아닙니다. 맥주 하나 마시는 데 그런 거까지 알아야 하나 하겠지만, 우리나라의 맥주라고 알고 있는 카스가 AB InBev의 맥주라고 하면 관심이 생기지 않을까요? AB InBev는 어떻게 맥주 공룡이 되었을까요?

앤호이저-부시 인베브(AB InBev)로 부르는 이 맥주 회사의 전체 이름은 'Anheuser-Busch InBev SA/NV'입니다. 축약된 이름이지만 더는 줄일 수 없는 사연이 있습니다. 각 철자가 나타내는 굵직굵직한 맥주 회사들이 이 글로벌 기업의 실체이기 때문입니다. AB InBev를 알기 위해서는 이 회사를 구성하는 굵직한 세 개의 회사를 반드시 알아야 합니다. 미국의 국민 맥주 버드와이저를 소유한 앤호이저-부시는 철자 AB이고, 스텔라 아르투아를 소유한 벨기에의 인터브루는 In, 한국에서는 다소 생소하지만 남아메리카의 국민 맥주 브라만(Brahman)을 소유한 브라질 암베브는 Bev입니다. 이들이 모두 합쳐 AB InBev가 되었습니다.

인터브루 (Interbrew)

AB InBev를 구성하는 기업 중 가장 먼저 언급할 곳은 인터브루입니다. 인터브루는 벨기에 뢰번에 본사를 두고 있는 다국적 맥주 기업입니다. 회사가 생긴 해는 1987년으로 그리 오래된 역사는 아니지만, 이 회사를 구성하는 각각의 양조장들은 유구한 역사를 자랑합니다. 인터브루는 스텔라 아르투아를 생산하는 아르투아 양조장(Brouwerij Artois)과 쥬필러를 생산하는 피드뵈프 양조장(Brouwerij Piedboeuf)이 합병하여 생긴 맥주 회사입니다. 뢰번 지역에는 1366년부터 '태번 tavern'이라는 곳이 있었는데 사람이 모여 술과 음식을 먹는 비즈니스 장소였습니다. 태번에는 맥주를 만드는 전통이 있었는데, 이를 계승해 만들어진 것이 아르투아 양조장입니다. 18세기 초 이 양조장을 인수한 세바스티안 아르투아의 이름을 땄습니다. 아르투아 양조장이 유명해진 것은 맥주 스텔라 아르투아 때문입니다. 스텔라 아르투아는 원래 1926년 크리스마스를 기념하기 위해 나온 시즌 맥주였지만 인기가 좋아 올타임 맥주로 자리 잡

벨기에 인터브루의 스테디셀러 맥주 스텔라 아르투아

고 스테디셀러가 되었습니다. 피드뵈프 양조장은 한국에서 그리 유명한 양조장은 아닙니다. 1812년에 설립된 이 양조장은 주로 벨기에의 쥬필 지역에서 유통되는 맥주를 생산했습니다. 그중 쥬필러가 가장 많이 알려진 맥주입니다.

1152년에 설립된 레페 수도원에서 계승된 맥주 레페도 인터브루의 소유입니다. 레페는 1차 세계 대전 중에 모든 양조 시설을 녹여 무기를 만드는 바람에 문이 닫혔지만, 1952년 다시 맥주를 생산하기 시작했고, 이후 인터브루에 인수되었습니다. 전 세계, 특히 한국에서 인기가 많은 벨기에 밀맥주 호가든도 인터브루 맥주입니다. 호가든은 벨기에 호가든 지역에서 사라져 가는 전통적인 맥주 스타일을 '호가든의 아버지'라 불리는 피에르 셀리스가 혼자 힘으로 되살려 유명해진 맥주입니다. 1985년 호가든 양조장에 큰불이 나면서 화재 보험을 들지 않았던 양조장이 파산 위기에 처하는데, 이때 양조장 재건에 큰돈을 빌려준 곳이 인터브루입니다. 하지만 인터브루의 잦은 간섭에 셀리스는 양조장의 남은 지분을 모두 인터브루에 넘기고 미국으로 떠납니다. 이후 호가든 양조장은 사라졌고 맥주 호가든은 인터브루의 다른 양조장에서 계속 생산되었습니다. 한국에서도 한때 오비맥주가 호가든을 생산하여 '오가든'이라 불리기도 했습니다. 인터브루는 이 외에 캐나다 맥주 라바트와 독일 맥주 벡스도 소유하고 있습니다.

암베브 (Ambev)

AB InBev를 구성하는 또 다른 기업은 암베브입니다. 암베브(Ambev)는 브라질 상파울루에 본부를 두고 있는 다국적 맥주 회사입니다. 브라마(Brahma)라는 브라질의 국민 맥주를 보유하고 있습니다. 사실 브라마는 암베브의 맥주는 아니었고, 브라

브라질 암베브의 스테디셀러 맥주 브라마

마 양조장에서 1888년부터 생산된 유서 깊은 맥주였습니다. 브라마를 인수하여 암베르를 세운 기업은 '가란치아'라는 브라질의 작은 투자 은행으로, 호르헤 파울로 레만(Jorge Paulo Lemann), 카를로스 알베르토 시쿠피라(Carlos Alberto Sicupira) 그리고 마르셀 텔레스(Marcel Telles) 3인이 공동으로 창업한 회사입니다. 이 3인은 나중에 미국에서 3G Capital이라는 투자 회사를 만들고, 인터브루와 앤호이저-부시의 합병에 주도적인 역할을 합니다. 이 이야기는 잠시 후에 하겠습니다.

앤호이저-부시 (Anheuser-Busch)

AB InBev를 구성하는 기업 중 마지막으로 언급할 곳은 앤호이저-부시입니다. 앤호이저-부시는 앤호이저와 그의 사위인 부시가 공동으로 세운 양조장입니다. 에버하르트 앤호이저는 독일에서 미국 미주리로 이주한 독일 이민자 1세대로 세인트루이스에서 가장 큰 비누 공장을 가진 인물이었습니다. 그는 양조 경험은 없었지만 세인트루이스의 지역 양조장인 바바리안의 지분을 일부 가지고 있었고, 나중에는 다른 투자자들의 지분을 모두 사들여 '앤호이저 브루어리'를 설립했습니다. 아돌퍼스 부시 역시 독일에서 태어나 18세 때 세인트루이스로 이주했습니다. 부시는 세인트루이스의 양조장에 양조 장비와 재료를 공급하는 도매 사업을 시작했는데, 고객 중 하나가 앤호이저였습니다. 장비를 납품하러 자주 오가다 보니 앤호이저의 딸인 릴리와 눈이 맞아 결혼했고, 나중에는 장인과 함께 양조장을 공동으로 경영하면서 1879년, 앤호이저-부시

앤호이저-부시의 스테디셀러 맥주 버드와이저

양조장을 세웁니다. 이 양조장의 대표 맥주인 버드와이저는 부시가 유럽 여행 중 체코에서 마신 맥주인 '부데요비츠키 부드바르'를 토대로 하여 만든 맥주입니다. 그래서 나중에 두 맥주는 상표권 문제로 크게 다투기도 합니다.

앤호이저-부시, 인터브루, 암베브 이 세 맥주 회사의 통합은 암베브가 먼저 시작합니다. 브라마를 인수한 3인의 공동창업자는 브라마 맥주를 정상화하는 일에 착수합니다. 1980년대까지만 해도 브라질은 거대한 맥주 시장에도 불구하고 유통되는 맥주의 양이 절대적으로 부족했습니다. 3인의 창업자는 브라마 맥주의 생산 과정을 개선하고 판매 과정을 효율적으로 바꾸어 놓았습니다. 그러고는 브라질의 2위 맥주인 안타르치카와 맥주 전쟁을 벌이는데 이때 브라마의 캠페인이 '시원한 맥주 한 병 더'였다고 합니다. 이 맥주 전쟁에서 브라마는 안타르치카를 완전히 제쳤고, 결국 두 회사는 합

병하게 됩니다. 그렇게 탄생한 회사가 '아메리칸 베버리지 컴퍼니(American Beverage Company)', 암베브(AmBev)입니다.

남아메리카를 맥주로 통일한 암베브는 이번에는 인터브루와의 합병을 추진합니다. 암베브의 창업자 3인은 스텔라 아르투아와 벡스를 담당하는 대표를 만나 두 회사의 합병을 남몰래 논의하기 시작했습니다. 당시의 인터브루는 변화가 필요한 시점이었습니다. 잦은 인수 합병으로 하나의 통일된 문화가 없는, 그저 회사들의 집합체 상태였고 회사의 대표도 여러 명이었습니다. (합병 합의서에 서명한 인터브루의 대표만 백 명이 넘었다고 합니다.) 어쨌든 두 회사의 합병은 조용하고 긴밀하게 진행되었습니다. 주주들의 반발, 금융 기관의 규제, 부정적인 여론 등 당시 맥주 시장 3위 회사와 5위 회사의 합병에는 넘어야 할 산이 많았기 때문입니다. 2004년 3월, 드디어 합병이 발표되었을 때, 대부분은 경악하는 반응이었다고 합니다. 새로운 사명은 처음에는 '인터브루 암베브'로 했다가 며칠 후 '인베브'로 변경했습니다. 합병으로 인해 인베브는 1백 40개국에 맥주를 수출하는 글로벌 기업이 되어 세계 맥주 시장의 14%를 점유하게 되었습니다. 그런데 회사의 주인은 누구였을까요? 두 회사는 주식을 스와핑했습니다. 합병을 주도한 것은 암베브였지만, 회사를 경영한 것은 인터브루였습니다. 그러다가 다시 암베브가 경영했습니다. 본사는 인터브루가 있는 뢰번에 두고 있습니다.

인터브루와 암베브가 합병되고 회사가 안정적으로 운영되자 매출은 150% 증가하였습니다. 하지만 이 합병을 주도한 암베브의 투자자 3인은 여전히 세계 최대의 맥주 회사가 되겠다는 꿈을 버리지 않았습니다. 그러기 위해 할 일은 바로 세계에서 가장 잘 팔리는 맥주 버드와이저의 회사, 앤호이저-부시를 사들이는 것이었습니다. 앤호이저-부시는 인베브 같은 글로벌 기업이 출현하는 동안 오로지 미국 사업에만 집중하면서 국제 무대에 진출할 기회를 흘려보냈고, 풍요로운 생활에 익숙해진 상속자들과 경영진들의 방만한 운영으로 위기를 겪고 있었습니다. 인터브루가 앤호이저-부시에게 회사를 매입하겠다는 의사를 전달한 것은 2008년 6월이고, 그로부터 약 5개월 후 앤호이저-부시의 주식을 주당 70달러, 총 5백 20억 달러에 매입하는 계약서에 서명합니다. 그리고 회사 이름을 AB InBev로 변경했습니다. 세계 최대의 맥주 공룡이 탄생하는 순간입니다. 회사 이름에 앤호이저-부시를 먼저 쓴 이유는 버드와이저를 미국의 자존심으로 생각했던 미국인들의 반발을 조금이나마 누그러뜨리기 위해서였다고 합니다. 하지만 맥주 공룡의 포식은 이것으로 끝이 아니었습니다.

그루포 모델로(Grupo Modelo) 인수

2013년에는 멕시코에서 가장 큰 맥주 회사인 그루포 모델로를 인수합니다. 그루포 모델로는 세계 대부분의 나라에 맥주를 수출하는 글로벌 양조장으로 지금으로부터 약 100년 전인 1925년에 설립되었고, 1930년부터 생산한 '네그라 모델로'라는 비엔나 라거가 대표 상품입니다. 우리나라에도 잠시 수입된 적이 있습니다만, 그보다 우리에게 친숙한 건 코로나 시대에 더욱 유명해진 코로나 맥주입니다. 전 세계적에서 가장 많이 팔리는 맥주 중 하나이기도 합니다.

그런데 2013년의 이 합병에 미국 법무부가 제동을 걸었습니다. AB InBev가 그루포 모델로를 인수할 경우 미국 내에서 사실상 독점적 맥주 기업이 될 것을 우려하여, 인수를 막기 위한 소송을 제기한 것입니다. 이 소송의 결과로 그루포 모델로의 미국 내 판매권을 콘스틸레이션 브랜즈에 넘겼고, AB InBev는 미국 외의 판매권만 가지게 되었습니다.

사브밀러 인수

2016년에는 사브밀러(SABMiller)를 인수합니다. 사브밀러는 체코의 필스너 우르켈, 영국의 풀러스, 이탈리아의 페로니, 네덜란드의 그롤쉬 등의 유럽 맥주와 호주의 포스터까지 매우 다양한 맥주를 판매하는, 남아프리카의 다국적 맥주 회사로 2002년, 사우스 아프리칸 브루어리(1895년 설립)와 미국의 밀러의 합병으로 탄생했습니다. 이 합병은 당시 맥주 시장 1위와 2위의 결합으로 이미 공룡이

된 AB InBev는 더욱 덩치를 키웠습니다. 참고로 당시 3위와 4위는 하이네켄과 칼스버그였습니다.

어쨌든 이 합병으로 AB InBev는 미국에서 또다시 독과점 기업이 되어 일부 맥주를 매각할 수밖에 없었습니다. 그래서 필스너 우르켈을 포함한 체코, 슬로바키아, 폴란드, 루마니아, 헝가리 등의 동유럽 맥주를 아사히 그룹에 78억 달러에 팔았습니다. 국내에서 일본 맥주 반대 운동이 한창일 때 '필스너 우르켈은 일본 맥주'라는 논쟁이 생긴 사연입니다.

오비 맥주 인수

한편, AB InBev의 인수 합병 스토리에는 우리나라 맥주도 포함되어 있습니다. AB InBev가 되기 전 인터브루가 오비맥주의 지분 50%를 사들였기 때문입니다(1988년). 오비맥주의 모기업인 두산그룹은 사업 구조를 소비재 중심에서 중공업 중심으로 재편하기 위해 자금이 필요했고, 오비맥주를 매각한 자금을 한국중공업 인수에 사용했습니다. 2001년에 나머지 50%의 지분도 결국 인터브루에 매각했습니다. 그러던 2004년, 암베브와 합병, 곧이어 앤호이저-부시와 합병으로 막대한 빚을 지게 된 인터브루는 이 위기를 해결하기 위해 일종의 '맥주 가지치기'로 가지고 있는 수많은 맥주를 팔아넘겼습니다. 그 일환으로 2009년, 오비맥주를 글로벌 사모펀드 그룹인 콜버그 크래비스 로버츠(KKR)에 매각했다가 2014년 사업이 안정화되고 자금이 확보되자 다시 사들였습니다. 오비맥주를 아시아 시장의 공략 거점으로 삼으려는 계획이었습니다. 현재 오비맥주의 주인은 AB InBev입니다.

괴즈의 아버지,
아르망 데벨더

람빅 좋아하나요?

어쩌다 람빅을 따른 잔에 머리를 처박고 코를 킁킁거리고 있으면 지나가는 아내는 그 향이 그렇게 좋냐며 한마디를 던집니다. 고수나 홍어를 좋아하는 사람들만 기분 좋게 만끽할 수 있는 고약한 향이 있는 것처럼, 람빅에는 람빅만의 향긋한 고린내가 있습니다. 그 향은 땀에 전 속옷 냄새 같기도 하고, 어릴 적 고향에서 맡았던 마구간의 여물 냄새 같기도 하며, 물에 젖은 가죽 냄새 같기도 합니다. 영어로는 이 향을 'Funky'라고 하는데 우리말로는 표현하기가 어려운 향입니다. 직접 맡기 전에는 그 향을 추측하기도 힘들고, 직접 맡아도 사람마다 느끼는 향의 감각은 다릅니다. 그런데 저는 이

향이 좋아서 어쩔 줄을 모릅니다. 맥주를 따르고 오랫동안 마시지 않고 향만 맡을 때도 많습니다. 람빅은 자연 발효로 만들어지는데 자연 상태의 야생 효모와 박테리아가 향을 만들어 냅니다. 아마 고대의 맥주와 가장 가까운 맥주가 있다면 그것이 람빅일 것이고, 가장 먼저 사라질 맥주가 있다면 그것도 람빅일 것입니다.

람빅은 현대에 와서 찬사를 받고 있지만 한때는 인기가 없어 자취를 감출 뻔한 적도 있었습니다. 아마 캉티용(Cantillon) 브루어리의 장 판 루아(Jean Van Roy)나 본(Boon) 브루어리의 프랑크 본(Frank Boon), 드리 폰타이넌(3 Fonteinen)의 아르망 데벨더(Armand Debelder) 같은 인물이 없었다면 정말 사라졌을지도 모릅니다. 이들은 사라져 가는 람빅의 전통을 지키며 그 유산을 후대에 물려주었습니다. 이 중 아르망 데벨더는 '괴즈의 아버지'라 불리며 람빅조합인 'HORAL'을 설립하고 이끌었으며, 람빅과 괴즈를 현대적인 맥주로 끌어올린 입지전적인 인물입니다. 안타깝게도 그는 비교적 최근인 2022년에 사망하였습니다.

---

*   람빅의 일종으로 어린 람빅과 숙성된 람빅을 섞어서 만든 맥주

미국 크래프트 맥주의 권익과 보호를 위해 만들어진 단체는 브루어 협회(BA, Brewer Association)입니다. ITA(International Trappist Association)는 수도원 전통에 따라 맥주를 만들고 트라피스트 맥주의 상표권 보호를 위해 설립되었습니다(사실은 맥주뿐만 아니라 와인, 치즈 등 여러 가지 상품이 포함되어 있습니다). CAMRA(Campaign for Real Ale)는 영국의 에일과 펍 등 영국 맥주의 문화유산을 보호하기 위해 만들어졌습니다. 그렇다면 람빅에도 이런 단체가 있을까요? 그 대답은 바로 HORAL입니다. HORAL(Hoge Raad voor Ambachtelijke Lambikbieren, 영어로 번역하면, The High Council for Artisanal Lambic Brewers)은 벨기에 람빅 맥주의 전통적인 양조법과 그 문화를 보호하기 위해 만들어졌습니다. HORAL은 람빅을 홍보하기도 하고, 람빅의 전통적인 양조법을 보존하기 위해 애쓰며, 람빅 맥주의 부정적인 행위를 막기 위한 조치를 취하기도 합니다. HORAL은 1997년 벨기에 제느(Zenne) 강 주변의 6개 람빅 양조장과 괴즈 블렌더가 공식적으로 설립하였습니다. 이를 처음으로 제안하고 함께 이끈 인물이 바로 드리 폰타이넌의 아르망 데벨더입니다.

아르망 데벨더는 1951년 10월 26일, 제느 강이 흐르는 벨기에 할레 지방에서 가족 농장을 경영하는 아버지 가스통과 어머니 레이몬드의 장남으로 태어났습니다. 가족 농장으로 가족을 충분히 먹여 살릴 수 없었던 아버지는 드리 폰타이넌이라는 작은 레스토랑 겸 술집을 차렸는데, 아르망은 이 술집에서 어린 시절을 보내며 단골 손님과 지하 저장소에 있는 람빅 통 사이에서 놀며 성장했습니다.

가끔 아버지가 람빅을 블렌딩할 때 따라 주는 맥주 한 모금을 마셨다고 하네요.

10대가 되었을 때 아르망은 펍과 주방에 대해 잘 알고 있다는 장점을 살려 안더레히트(Anderlecht)에 있는 호텔 요리 학교로 진학했습니다. 그러나 마음은 주방보다는 항상 블렌더*에 있었습니다. 결국 블렌더가 되기로 결심하고 배럴이 있고 맥주를 블렌딩할 수 있는 지하 저장고에서 맥주를 병에 넣는 일을 하며 지냈습니다. 쉬운 일은 아니었습니다. 일찍 일어나 지하실에 가면 춥고 축축했고, 때때로 병입 기계의 병이 폭발했기 때문에 위험했습니다.

1980년대에 아르망은 드리 폰타이넌 펍의 대부분의 블렌딩 작업을 하면서 보냈습니다. 당시 레스토랑 자체가 정말 잘 되고 있어서 아버지는 레스토랑만 운영할까도 생각했다고 합니다. 게다가 람빅과 괴즈의 소비는 와인에 밀려 점점 줄어들고 있었습니다. 아르망이 태어날 때는 마을에 14개의 블렌더리**가 있었지만, 이 시기에는 드리 폰타이넌 하나만 고군분투하며 괴즈의 명맥만 유지하는 정도였습니다. 하지만 아르망은 신념을 굽히지 못했습니다. 아버지는 펍을 아르망을 포함한 두 아들에게 물려주었는데, 아르망은 이때부터 본격적으로 괴즈 블렌더가 되었습니다. 이때 아르망이 괴즈를 블렌딩하기 위해 람빅 맥주를 구입한 양조장이 프랑크 본의 본

---

*　　　블렌더는 람빅 맥주를 섞어 괴즈 맥주를 만드는 양조사를 말함.

**　　맥주를 만드는 양조장을 브루어리, 괴즈를 만드는 양조장을 블렌더리라 부름.

브루어리입니다. 이때부터 프랑크 본과 친분을 쌓아 훗날 공동으로 HORAL을 설립하게 되었습니다.

1997년 아르망은 본과 함께 람빅과 괴즈의 유산을 보호하기 위한 비영리 단체 HORAL을 설립했습니다. 아르망은 HORAL의 초기부터 2015년까지 회장직을 유지하면서 람빅의 전통 보존과 람빅의 현대화에 앞장섰습니다. 초기에는 드리 폰타이넌과 본 브루어리 이외에 데 캄(De Cam), 데 트록(De Troch), 린데만스(Lindemans), 티머만스(Timmermans)가 함께했습니다. 현재는 브루어와 블렌더의 수가 13개로 늘었습니다(다만, 람빅 맥주에서 가장 유명하다는 캉티용은 이때 HORAL에 가입하지 않았고 현재도 가입하지 않고 있습니다). 하지만 현대에 와서 일부 브루어나 블렌더가 생산하는 맥주가 전통적인 생산 방법이 아니고, 인공 감미료를 첨가한 가당 맥주를 생산하는 것이 HORAL의 취지에 맞지 않다고 본 아르망은 2018년 HORAL을 떠났습니다. 더 이상 HORAL이 람빅의 유산을 보호하지 않는다고 생각한 것입니다. 어쩌면 캉티용이 HORAL에 가입하지 않은 건 미래를 미리 내다봤기 때문일지 모릅니다.

2009년은 아르망에게 최악의 한 해였습니다. 5월 16일 아르망이 드리 폰타이넌으로 출근했을 때 깜짝 놀랄 만한 일이 발생했습니다. 창고에서 압도적인 열기가 느껴졌고 병이 터지는 소리가 들려왔기 때문입니다. 컨디셔닝 룸의 온도조절기가 고장 나 방이 뜨거워졌고, 병에 가해지는 압력이 높아지면서 맥주병이 폭발한 것입니다. 1만 3천 개의 맥주병이 폭발했고, 6만 7천 개의 병이 망가졌다고 합니다. 하룻밤 사이에 8만 병의 괴즈를 잃은 이 사건으로 드리 폰타이넌은 파산 위기에 처했고 결국 자사 브루어리를 매각할 수밖에 없었습니다. (1998년에 람빅을 직접 생산하기 위해 만든 브루어리입니다). 남은 맥주는 증류해 '아르망 스피릿'이라는 증류주를 만들어 팔았는데, 이것이 순식간에 매진되어 조금이나마 보탬이 되었습니다. 본 브루어리나 린데만스 브루어리 등 주변의 브루어들은 맥아즙을 추가로 공급해 주어 괴즈 블렌딩을 계속할 수 있도록 도와주었습니다. 덕분에 2012년 새로운 양조 설비를 설치하며 결국 재건에 성공했습니다.

2016년 10월, 아르망은 공식적으로 은퇴했습니다. 자녀가 없었던 아르망은 함께 일했던 두 젊은이 미카엘(Michaël Blancquaert)과 베르너(Werner Van Obberghen)에게 경영권을 넘겨주었습니다. 미카엘은 그의 조수이자 블렌딩 파트너였고, 베르너는 드리 폰타이넌에서 괴즈를 즐겨 마시던 손님이었다고 합니다. 두 사람을 가리켜 '내가 가져 본 적 없는 아들'이라고 칭한 아르망은, 수년간 두 사람과 전통적 가치를 공유하고, 블렌더로서의 재능을 확인하고 자신의 계승자로 삼았습니다.

아르망은 람빅 맥주의 가장 암울했던 시기에 전통의 스타일을 고집했고, 람빅과 괴즈의 유산을 미래의 세대에게 물려주었습니다.

그리고 무엇보다 가장 아름다운 괴즈를 만들어 전 세계 사람들에게 맛의 감동을 주었습니다. 2022년 3월 6일, 아르망은 2년간의 투병 끝에 세상을 떠났습니다. 지병 치료가 코로나 때문에 중단되었고 당뇨병이 병을 더욱 복잡하게 만들었다고 합니다.

2024년 3월 6일은 아르망 데벨더의 사망 2주기입니다. 그를 추모합니다.

2022년 3월 6일 인스타그램에 알린 아르망 데벨더의 부고 소식

3월 17일은 성 패트릭 데이,
그리고 기네스 이야기

　맥주를 좋아하면서 알게 된 사실 중 하나는 기독교 성인을 기리는 축제에 유독 특별한 맥주를 마신다는 것입니다. 모든 성인의 축일(All Saint's Day)의 전날 즐기는 축제인 할로윈 데이에 마시는 펌킨 에일, 아일랜드의 성인을 기리는 성 패트릭 데이(St. Patrick's Day) 축제에 마시는 기네스가 대표적입니다. 한편 천주교 신자들은 성인의 이름을 따 세례명을 사용하는데, 이들 중에도 맥주와 관련된 사람이 많습니다. 예를 들자면 성 아우구스티누스는 개종 전에 많은 양의 맥주를 마셨고, 개종 후 양조업자의 수호성인이 되었습니다. 성 베네딕투스는 베네딕토 수도원을 설립하고 수도사가 지켜야 할 규칙을 정립했는데, 수도사가 일하고 먹고 마시는 것도 포함되어 있습니다. 그중 하나가 맥주를 만들고 대중에게 나눠주는 일이었습니다. 이렇듯 서양에서 기독교 성인과 맥주를 연결하는 일화는 무수히 많으며, 기독교 성인을 기리며 맥주를 마시는 축제는 오랜 전통입니다.

3월 17일은 성 패트릭 데이입니다. 성 패트릭 데이는 아일랜드에 처음으로 기독교를 전파한 패트릭 성인을 기리는 축제입니다. 이날을 기념하여 아일랜드와 미국, 캐나다, 호주, 남아프리카공화국 등 전 세계에서 축제를 벌입니다. 아일랜드에서는 더블린의 오코넬 거리에서 녹색 의상을 입고 전통 악기를 연주하는 사람들이 가두행진을 하고, 기네스 스토어하우스를 중심으로 기네스 맥주를 마시면서 축제를 즐깁니다. 축제는 관광객을 포함하여 백만 명 이상이 참여하고 5일 동안 계속됩니다. 미국의 성 패트릭 데이 축제 규모는 더욱 놀랍습니다. 1800년대 중반 감자 대기근을 피해 미국으로 대거 이주한 아일랜드 사람들이 미국 전역에 성 패트릭 데이를 퍼트렸습니다. 뉴욕은 미국에서 가장 먼저 성 패트릭 데이 가두행진을 개최한 도시입니다. 시카고에서는 도시를 가르는 강이 온통 녹색으로 물드는데 굉장한 장관입니다. 또 하루 종일 녹색 음료를 마시고 녹색 음식을 먹습니다.

시카고에서는 성 패트릭 데이에 도시를 흐르는 강을 녹색으로 물들입니다

뉴욕은 성 패트릭 데이 가두행진을 미국에서 처음으로 개최했습니다

성 패트릭 이야기

그럼 성 패트릭 데이의 주인공, 패트릭은 어떤 인물일까요? 그가 왜 아일랜드를 상징하는 인물이 되었는지 차근차근 설명해 보겠습니다. 아일랜드는 기원전 유럽 대륙에서 넘어간 켈트족, 그중에서도 게일족이 정착해 전통을 이어온 지역입니다. 그런데 4세기경, 브리타니아(지금의 영국)에서 태어난 패트릭이 왜 아일랜드를 상징하는 인물이 되었을까요? 패트릭은 웨일스 지방의 부유한 가톨릭 집안에서 태어나 풍족한 생활을 하며 자랐습니다. 하지만 16살에 끔찍한 일이 발생합니다. 그 지방에 침입한 해적들에게 납치되어 아일랜드로 끌려간 것입니다. 패트릭은 아일랜드에서 6년간의 노예 생활을 하며 고통스러운 세월을 보냈습니다. 그러면서도 신에게 항상 기도하며 신앙의 끈을 놓지 않았습니다. 그러던 중 '항구에 배가 준비되어 있으니 탈출하라'는 신의 계시를 듣고 극적으로 아일랜드를 탈출에 브리타니아로 되돌아갑니다. 이에 패트릭은 사제의 길을 걷기로 하고, 현재의 프랑스인 갈리아 지방의 교회에 들어가 주교가 되었습니다. 하지만 밤마다 이상한 꿈을 꾸며 신의 계시를 듣습니다. 아일랜드로 돌아가 아일랜드 사람들을 위해 기도하라는 것이었습니다. 아일랜드의 노예 생활은 씻기 힘든 고통의 기억인데 힘들게 탈출한 그곳으로 다시 돌아가라니, 받아들이기 힘들었던 그는 계속해서 기도를 했지만, 신의 계시는 변함이 없었습니다. 결국 서

패트릭은 5세기경 아일랜드에 기독교를 전파했습니다

기 435년, 패트릭은 아일랜드로 건너가 게일족에게 기독교를 전파했습니다. 이때 주위에 흔하게 피어 있는 세잎클로버를 보고 이에 비유해 게일족에게 삼위일체를 설명했다고 합니다. 이를 계기로 세잎클로버는 아일랜드의 국화가 되었고 초록색은 아일랜드의 상징색이 되었습니다.

　　패트릭은 신앙생활 중에도 맥주를 즐겨 마셨습니다. (그때의 맥주는 현대 맥주와는 달랐겠지만, 그래도 귀리와 보리로 만들었을 것이라 추정하고 있습니다.) 패트릭의 동료 중에는 양조를 전문으로 하는 메스칸(mescan)이라는 수도사도 있었습니다. 패트릭은 순례 여행 중에도 메스칸을 항상 데리고 다니면서 맥주를 마셨다고 합니다. 그래서 성 패트릭이 숨을 거둔 3월 17일, 그를 기념하기 위해 사람들은 녹

성 패트릭 데이에는 기네스를 마십니다. 이날을 위해 특별히 양조된 녹색의 기네스를 마시기도 합니다

색 옷을 입고 맥주를 마시며 축제를 즐기게 되었습니다.

성 패트릭 데이에는 전 세계에서 공통적으로 마시는 맥주가 있습니다. 기네스입니다. 아일랜드에서는 기네스가 처음 생긴 1759년부터 축제에서 기네스를 마셨고, 1817년 미국에 기네스가 처음 수입된 후로는 미국에서도 패트릭 데이에 기네스를 마셨습니다. 물론 그때의 맥주는 지금의 기네스와는 조금 다른 맥주였습니다. 현재 우리가 축제에서 주로 마시는 질소가 가득한 크리미한 기네스 드래프트는 1959년에 새롭게 개발된 맥주입니다. 기네스 이야기를 해보겠습니다.

아서 기네스는 아버지의 맥주 레시피와 대주교
가 남겨준 유산으로 맥주 양조장을 세웠습니다

기네스 이야기

기네스는 어떻게 아일랜드의 국민 맥주가 되었을까요? 기네스를 세운 아서 기네스와 그리 잘 알려지지 않은 그의 아버지부터 기네스의 전통은 시작됩니다.

아서 기네스의 아버지 러처드 기네스는 아일랜드 킬데어 지방에서 대주교의 집사로 일했습니다. 집사의 일은 주로 가축을 돌보고 농작물을 재배하고 건물을 관리하는 것이었지만, 그의 일 중에는 맥주를 양조하는 일도 있었습니다. 그가 만든 흑맥주는 품질이 뛰어났고 주변에 평판이 좋았습니다. 그의 맥주를 마시기 위해 일부러 찾아오는 손님들도 있었다고 합니다. 그는 맥주 양조 비법을 절대로 공개하지 않았고, 이를 아들 아서에게만 전수하였습니다. 아서는 대주교의 비서 역할을 하면서 읽고 쓰는 법과 산수를 배우면서 사업에 필요한 지식을 두루 갖추었고, 틈틈이 아버지의 맥주 양조를 도우며 맥주 실력을 쌓았습니다. 이때부터 이미 기네스 맥주의 전통은 시작되었다고 할 수 있습니다.

대주교는 세상을 떠나면서 그동안 충실히 일한 아서에게 백 파운드를 남겨 주었습니다. 이는 당시 4년 치의 월급에 해당하는 큰 돈이었습니다. 아서는 이 돈을 기반으로 더블린으로 가는 길목에 있는 레익슬립(Leixlip)이라는 곳에 작은 양조장을 차렸습니다. 드디어 양조장의 꿈을 이룬 아서는 이곳에서 5년간 일하면서 양조 실력을 쌓았습니다. 하지만 맥주 양조를 단순히 생계유지 수단이 아닌 도덕적 사명감으로 여긴 아서는 더블린에 더 큰 양조장을 지을 결심을 하게 됩니다. 당시는 한창 유행했던 진의 부정적인 문제가 부각되고 반대급부로 맥주가 뜨기 시작하던 시기였습니다. 사람들은 진을 지나치게 많이 마셔 정신은 피폐해졌고 게으르고 이기적이며 난폭해졌다고 생각했습니다. 반면에 맥주는 건강하고 안전하며 사회를 망치는 것이 아니라 오히려 사회에 기여하는 음료라고 생각했습니다. 아서는 이런 맥주 사업을 평생의 직업으로 삼고 더블린으로 이주했습니다.

1759년, 아서는 드디어 리피 강변에 위치한 성 제임스 게이트에 양조장을 설립했습니다. 중세의 더블린은 성문이 있는 큰 도시였습니다. 사람들이 더블린에 드나들기 위해서는 남서쪽의 오래된 성문을 통과해야 했습니다. 성문 옆에는 제임스 교회가 있었기 때문에 사람들은 이 문을 성 제임스 게이트라고 불렀습니다. 이곳에는 문을 닫기 일보 직전의 맥주 양조장이 있었습니다. 양조장은 작고 설비가 제대로 갖추어지지 않은 채 사용이 중단되어 있었지만, 주변에 리피 강과 축제에 사용하는 우물이 있고 교통수단이 좋은 곳이

아서 기네스는 성 제임스 게이트 양조장을 계약금 백 파운드를 내고 9000년간 매년 45파운드를 지급하는 조건으로 임대 계약했습니다

였기 때문에 맥주 사업에는 유리하다고 판단했습니다. 아서는 이곳을 계약금 백 파운드를 내고 9000년간 매년 45파운드를 지급하는 조건으로 임대 계약을 맺었습니다. 이런 대여 계약은 역사상 유례가 없는 독특한 계약으로 기네스를 말할 때 항상 회자되곤 합니다.

아서는 더블린의 양조장에서 에일 맥주와 포터 맥주 두 가지 스타일의 맥주를 만들었습니다. 한때 영국의 가격 통제 정책 때문에 에일 맥주만 생산한 적도 있었지만, 포터에 대한 대중의 관심이 높아져, 1799년을 기점으로 에일 맥주 생산을 중단하고 포터 맥주 생산에만 주력하게 되었습니다.

아서는 양조장을 아들인 아서 기네스 2세에게 물려주고 1803년 1월 23일에 생을 마감했습니다. 기네스는 그의 후손들이 대를 이어

가며 가업을 잇다가 현재는 영국의 다국적 주류 회사인 디아지오의 일부가 되었습니다. 1759년에 보잘것없는 작은 양조장에서 출발한 기네스가 260년이 지난 지금 전 세계에서 가장 유명한 양조장이 될 것이라고 상상이나 했을까요?

기네스가 아일랜드의 전통과 애국심에 호소하며 아일랜드의 국민 맥주로서 자리 잡은 계기 중의 하나는 아일랜드의 전통 악기인 하프를 기네스의 로고로 채택한 것입니다. 이때는 아서 기네스의 손자인 벤저민 기네스가 경영하던 시기였습니다. 벤저민은 아일랜드 사람들의 존경을 한 몸에 받던 인물로 그가 하프를 로고로 선택한 것은 대단한 마케팅 전략이었습니다. 이 하프는 트리니티 대학에 보관된 하프로 일명 브라이언 보루(Brian Boru) 하프라고 합니다. 아일랜드는 과거 11세기 초까지 통일된 국가를 형성하지 못하고 있었고, 게일족 왕국, 바이킹 왕국 등 여러 왕국이 난립해 있었습니다. 브라이언 보루는 아일랜드 남부의 먼스터 왕국의 왕이었

는데, 1006년 바이킹 왕국을 몰아내고 아일랜드에 최초의 통일된 나라를 세웠습니다. 이를 '왕 중의 왕'이라고 해서 하이 킹(High King)이라고 부릅니다. 하프는 아일랜드에서 가장 존경받는 물

기네스는 브라이언 보루 하프를 로고로 채택하여 아일랜드 국민 맥주 마케팅에 성공했습니다

건이라고 합니다. 그만큼 아일랜드 사람들이 하프에 가지는 애착은 남다르며 국민들의 자부심이 새겨진 물건입니다. 하프를 로고로 채택하자 기네스의 매출은 덩달아 크게 올라갔습니다. 아일랜드뿐만 아니라 해외로 이주한 아일랜드 사람들이 애국심의 표현으로 기네스를 많이 마시게 된 것입니다.

이뿐만 아니라 벤저민은 성 패트릭 성당의 복구를 후원하기도 했습니다. 성 패트릭 성당은 패트릭이 순례 중에 기독교로 개종한 사람들에게 세례를 베풀 때 사용했던 우물을 기념하여 만들어진 성당입니다. 1192년에 세워진 이래로 아일랜드 기독교의 역사적인 상징이며 아일랜드 국민들의 종교적 자부심이 서려 있는 곳입니다. 이런 곳이 1860년쯤에는 너무 낡고 허름해져 무너지기 직전이었습니다. 이를 가만히 볼 수 없었던 벤저민은 현재의 시가로 4백만 달러에 해당하는 큰 자금을 내놓고 성당 재건을 직접 감독하며 성당의 보수가 끝날 때까지 진두지휘했습니다. 성 패트릭 성당은 이제 아일랜드 국민뿐만 아니라 전 세계 관광객들이 즐겨 찾는 명소가 되었습니다. 벤저민과 기네스의 아낌없는 후원 덕택으로 성 패트릭 성당은 되살아났고, 벤저민은 국민적인 영웅으로 기네스는 국민 맥주로 자리 잡았습니다.

기네스 스토어하우스는 2024년의 성 패트릭 데이 축제를 3월 15일부터 18일까지 4일간 개최했습니다. 코로나로 중단되었던 축제가 2022년 이후부터 다시 개최된 것입니다. 아일랜드뿐만 아니라 전 세계 곳곳에서 성 패트릭 데이를 기념하며 기네스를 마십니다. 이 기간 전 세계 1백 50개 이상의 나라에서 기네스를 마시는데, 코로나 전의 보고서에 의하면 총 1천 3백만 파인트 잔이 하루에 소비되었다고 합니다. 세상이 초록으로 물드는 봄, 또 하나의 축제에 여러분은 맥주 마실 준비가 되었을까요?

75년 만에 종이 레이블을 입은 벨기에 맥주는?

2022년 벨기에의 브뤼셀 타임즈에 맥주에 관한 기사 하나가 실렸습니다. 75년 만에 베스트블레테렌(Westvleteren)의 병에 종이 레이블이 부착되었다는 내용입니다. 베스트블레테렌은 여러 종류가 있지만 그중 콰드루펠*인 베스트블레테렌 12는 맥주 애호가 사이에서 수도원 맥주의 끝판왕이라 불리며, 여러 맥주 평가 사이트에서 만점에 가까운 높은 평가를 받고 있는 맥주입니다. 벨기에의 한 수도원 양조장에서 생산하는 트라피스트 에일로 그동안 벨기에에서 병에 레이블이 없는 유일한 맥주였습니다. 전 세계적으로도 레이블

*   콰드루펠(Quadrupel)은 벨기에 수도원 맥주 중에서 가장 높은 도수의 맥주로 묵직하고 검붉은 과일의 풍미가 남.

정식 레이블을 단 베스트블레테렌(왼쪽)과 수입사 레이블을 단 베스트블레테렌(오른쪽)

이 없는 병맥주는 흔하지 않습니다.

　베스트블레테렌을 생산하는 양조장은 벨기에 플래던스 지방에서도 서쪽 끝에 위치한 성 식스투스 수도원(St Sixtus Abbey)입니다. 성 식스투스 수도원은 얀-밥티스트 빅토르(Jan-Baptist Victor)라는 수도사가 블레테렌의 서쪽 숲에 세운 수도사 공동체에서 시작했는데, 이곳은 프랑스와 국경을 맞대고 있는 지역입니다. 수도원은 1831년 프랑스 혁명과 온갖 박해를 피해 이주한 프랑스의 수도원 몽 데 카(Mont des Cats)의 일부 수도사들이 합류하여 제 모습을 갖추었습니다. (이 중 일부는 다시 벨기에 남부의 스쿠르몽 수도원으로 이동해 또 다른 수도원 맥주인 시메이를 생산하는 데 일조했습니다.) 수도원의 수도사들은 자립을 위해 주변의 밭을 경작하고 치즈나 맥주 등을 스스로 생산했는데 이것이 수도원 맥주의 시작입니다. 처음에는 자체 소비용으로 소량만 생산했지만, 1839년 벨기에 국왕 레오폴드 1세가 공식적으로 양조 면허를 주어 대중을 위해 생산량을 늘렸습니다.

베스트블레테렌이 높은 평가를 받는 이유는 맥주의 맛과 품질 그리고 희소성에 있습니다. 베스트블레테렌은 구매하여 상업적으로 다시 판매할 수 없고, 사전 주문자에 한해 수도원 내에서만 구매할 수 있습니다. 수도원은 1년에 1백 44만 개의 병만 소량으로 생산하는데, 사전에 예약하고 양조장을 방문한 구매자만 24병 이하로 살 수 있습니다. 또한 한 번 구매하면 60일 이내에는 다시 살 수 없습니다. 맥주병은 레이블이 없어 마치 갈색 빈 병에 참기름을 담은 것처럼 보입니다. 게다가 트라피스트 인증 마크도 내세우지 않습니다.

그런데 맥주병의 레이블은 언제부터 부착되었을까요? 병에 종이로 된 레이블을 처음으로 붙인 것은 벨기에가 아니라 영국입니다. 17세기 영국에서 처음으로 약병에 약의 성분이나 복용법을 표시하기 위해 종이 레이블을 사용했다고 합니다. 18세기에는 와인병에도 종이 레이블을 사용했는데, 1756년에 흑백 레이블을 붙인 포트와인이 처음으로 나왔습니다. 하지만 19세기까지 영국은 와인이 대중화되지 못했기 때문에 종이 레이블도 대중화되지 못했습니다. 맥주병의 종이 레이블은 더욱 늦게 나타납니다. 19세기 중반까지만 해도 영국에는 유리에 관세가 있었기 때문에 맥주병 자체가 대중화되지 못했습니다. 관세가 폐지된 1834년 이후 맥주를 병에 담아 판매하기 시작하면서 종이 레이블이 나타나기 시작했습니다. 레이블을 사용하기 전에는 보통 병을 봉인한 밀랍이나 병뚜껑에 양조자의 이름이나 맥주의 내용 등 매우 제한적으로 정보를 남겼습니다. 그러다 맥주가 대량으로 생산되고 맥주 판매가 점점 광범위해지면서 제품을 올바르게 식별하는 것이 중요해졌고 레이블도 필요하게 되었습니다.

베스트블레테렌이 처음으로 양조된 1838년은 세계적으로 맥주병 레이블이 대중화되기 전입니다. 게다가 베스트블레테렌은 대량생산이 아닌 수도원에서만 소비할 목적으로 생산되는 맥주였기 때문에 레이블은 필요하지 않았습니다. 맥주의 종류를 구분하고, 맥주의 정보를 담고 있는 것은 오직 색이 다른 병뚜껑뿐이었습니다.

성 식스투스 수도원 양조장은 세 종류의 수도원 맥주를 생산합니다. 녹색 뚜껑의 베스트블레테렌 블론드는 5.8%의 알코올로 수도원 내에서 수도사들이 일상적으로 마시기 위해 만들어진 것으로 대중에 공개된 것은 1999년입니다. 파란색 뚜껑의 베스트블레테렌 8은 8% 알코올의 벨지안 다크 스트롱 에일입니다. 트라피스트 에일 내에서는 일명 벨지안 두벨이라고 부릅니다. 1940년에 대중에 소개된 노란색 뚜껑의 베스트블레테렌 12는 10.2%의 알코올로 도수가 가장 높아 일명 베스트블레테렌 압트(Abt)라고도 부릅니다. 죽기 전에 꼭 한번 마셔 봐야 할 세계 최고의 맥주로 꼽힙니다.

레이블이 없던 베스트블레테렌도 2차 대전 이후 레이블을 붙인

적이 있습니다. 베스트블레테렌은 원래 수도원 내에서만 소비하려고 맥주를 양조하였지만 맥주를 대중에게 판매하기 시작하면서 수도원 내에서 생산하는 양으로는 감당할 수가 없었습니다. 수도원 내의 양조 시설만으로는 양조가 어렵자 맥주의 생산을 수도원 너머의 세인트버나두스 양조장에 위탁하여 생산했습니다. 대신 성 식스투스 수도원에서 만들어진 것을 명확하게 하기 위해 맥주병에 종이 레이블을 부착했습니다. 하지만, 이마저도 오래가지 못했습니다. 트라피스트 맥주 규정이 강화되어, 수도원 맥주는 수도원의 담장 내에서만 생산해야 한다는 원칙에 따라, 1992년부터 다시 성 식스투스 수도원 내에서만 양조하고 있습니다.

이번에 새롭게 부착된 레이블은 과거의 병뚜껑처럼 세 가지 색상으로 구성되어 있습니다. 녹색은 베스트블레테렌 블론드, 파란색은 베스트블레테렌 8, 노란색은 베스트블레테렌 12입니다. 레이블

베스트블레테렌 레이블의 구성

을 쭉 펼쳐보면 가운데에 성 식스투스 수도원의 문장과 로고가 있고, 맥주 이름과 알코올 함유량, 용량이 로고를 중심으로 원을 그리며 쓰여 있습니다. 왼쪽에는 세 개의 언어로 맥주 재료가 적혀 있고, 네덜란드어, 프랑스어, 독일어, 영어로 된 맥주 설명 사이트 접속 QR이 있습니다. 오른쪽에는 트라피스트 맥주임을 인증하는 ATP 인증 마크와 최적의 서빙 온도, 서빙 방법이 나와 있습니다.

종이 레이블에 대해 수도원에서는 이렇게 말했습니다. "요즘 식품 업계에서는 소비자에게 최대한 많은 정보를 제공하려는 경향이 있습니다. 맥주 생산자가 성분과 영양소의 전체 목록을 제공해야 할 법적 의무는 없지만, 그럼에도 불구하고 우리는 그렇게 하려고 레이블을 재도입하기로 결정했습니다. 결국, 모든 정보를 병뚜껑에 담는 것은 불가능했습니다"라면서 레이블의 도입 이유를 설명했습니다. 하지만 지난 2014년 유럽연합에게서 받은 '레이블링 규정 위반 경고'가 레이블을 도입한 숨은 이유로 보입니다. 유럽연합의 규정에 따르면 맥주에는 재료의 원산지가 표시되어 있어야 합니다. 하지만 병뚜껑에 충분한 공간이 없기 때문에 병에 레이블을 붙일 수밖에 없었을 것입니다. 레이블이 생겼다고 해서 희귀성이 떨어지거나 맛이 평범해 지지는 않을 것입니다. 왜냐하면 그들의 변하지 않는 양조 철학이 있기 때문입니다. 그들은 항상 이렇게 말합니다.

"우리는 살기 위해 양조한다. 양조하기 위해 살지 않는다.

(Wij brouwen om te leven. Wij leven niet om te brouwen.)"

3장

알면 알수록 재미있는 맥주 유니버스

맥주가 맥주다운 이유, 홉의 레종 데트르

맥주 애호가 중, "맥주는 맥주다워야지"라는 말을 입에 달고 사는 사람도 많습니다. 그런데 과연 맥주가 맥주답다는 건 무슨 뜻일까요? 맥주를 '보리를 발효한 술'이라고 한다면 조선시대의 보리술도 포함될 수 있고, '보리를 포함한 곡물을 발효한 술'이라고 하면 아프리카의 수수 맥주 '움코보티'나 네팔의 조 맥주 '통바'까지 맥주라 볼 수 있습니다. 물론 이런 세계의 곡물 발효주도 넓은 의미에서는 맥주가 맞습니다. 하지만 전통적인 기준과 현대적인 감각에서 본다면 무언가 다른 게 사실입니다. 왜냐하면 맥주에는 전통적으로 맥주의 정체성이라 할 만한 재료가 반드시 사용되기 때문입니다. 바로 맥주의 꽃, 홉(hop)입니다.

홉은 삼과의 덩굴식물로 대마초와는 사촌 격이지만 환각 성분은 없습니다. 이 식물의 암꽃은 마치 초록색의 작은 솔방울처럼 둥글게 생겼는데, 이 암꽃에 함유된 알파산이 맥주의 쓴맛을 만들

맥주는 홉의 레종 데트르

어 내고, 여러 가지 오일 성분이 맥주에 풍미와 아로마를 입힙니다. 홉은 맥주에 반드시 들어가야 하는 재료입니다. 홉은 대단히 신기한 식물입니다. 맥주의 필수 재료지만 그 외에 식용으로 쓰이는 경우는 거의 없습니다. 오직 맥주가 홉의 레종 데트르(존재 이유)인 셈입니다. 홉은 오래전 식용보다는 옷을 염색하기 위한 재료로 쓰였다고 합니다. 오랫동안 끓여야 쓴맛이 나므로 자원이 부족한 중세 때는 홉을 오래 끓여 쓴맛을 내는 용도로 생각하지 못했습니다. 우연히 염색을 위해 끓인 홉을 맛보았다 기분 좋은 쓴맛이 난다는 것을 발견했고, 이것을 양조업자에게 전달하여 홉을 맥주에 사용하게 되었다는 설이 있습니다.

홉의 학명은 후물루스 루풀루스(Humulus Lupulus)인데 '작은 늑대'라는 뜻으로 고대 라틴어에서 나왔습니다. 홉이 늑대가 조용히 다가가 양을 잡듯이 다른 식물을 덮치듯이 자라나 붙여진 이름입니다. 특히 버드나무 위에서 잘 자라서 '버드나무 늑대'라고도 합

러시안 리버 브루잉의 플리니 디 엘더

니다. 홉에 이 별명을 붙인 인물은 로마의 철학자 대(大) 플리니우스입니다. 러시안 리버 브루잉의 플리니 디 엘더(Pliny the Elder)는 보통의 IPA보다 홉을 조금 더 넉넉히 사용해 더블 IPA라고 불리는데, 바로 이 맥주 이름이 플리니우스에서 나왔습니다. 플리니우스는 당대의 지식인이 그러했듯 군인이자, 철학자, 작가, 사학자라는 다양한 직업을 가지고 있습니다. 그는 다양한 분야에서 수많은 저작물을 남겼는데, 그중 그의 지식을 끌어모아 만든 《자연사(Natural History)》라는 책이 지금까지 남아 있습니다. 일종의 백과사전으로 방대한 지식이 나열되어 있는 《자연사》에 홉은 식용이 가능한 식물로 소개되어 있습니다. 홉이 기록물로 역사의 전면에 나타난 순간입니다. 하지만 플리니우스는 홉을 여러 가지 야생 식물 중 하나로 언급했을 뿐 맥주와의 연관성을 언급한 건은 아니었습니다. 로마는 맥주의 시대는 아니었으니까요.

홉을 맥주 양조에 사용했다는 최초의 기록은 9세기입니다. (홉을 계획적으로 재배하여 맥주 양조에 사용한 것은 조금 나중의 일입니다.) 822년 프랑스 북부의 코르비(Corbie) 베네딕토회 수도원의 아달하르트(Adalhard)는 수도원을 어떻게 운영해야 하는지를 명시한 규약집을 만들었습니다. 규칙 중 하나는 수도원 생활에 필요한 장작과 홉을 자연에서 구하라는 것이었습니다. 이것을 수도원 거주자의 의무라고 했습니다. 홉에서 추출한 성분으로 염료를 만들거나 종이를 만들고, 맥주 양조에도 사용했다고 합니다. 이 기록에서는 야생의 홉을 맥주에 이용한다고 명시하고 있지만, 홉을 맥주 양조에 사용한 이유까지는 알 수 없습니다. 홉의 역할이 맥주의 쓴맛과 고유의 풍미를 내기 위해서였는지, 맥주의 보존력을 강화하기 위해서였는지는 알 수가 없습니다.

중세 수도원과 홉의 기록

맥주에서 홉의 역할을 처음으로 언급한 인물은 독일 수도원의 수녀 힐데가르트 폰 빙엔(Hildergard von Bingen)입니다. 그는 여성 수도원장으로 수많은 저서를 남긴 작가로 알려져 있는데, 대단한 맥주 애호가이기도 했습니다. 특히 홉이 들어간 맥주를 좋아했다고 합니다. 당시의 맥주는 현대의 맥주에 비해 품질도 낮고 맛도 보잘 것없었지만 그래도 세균이 득실거리는 물보다는 나았습니다. 단체 생활을 하는 수도원에서 물 대신 맥주를 마시는 이유이기도 했습니다. 물을 마셨다가는 하루 종일 설사를 하거나 설사병에 걸려 위험에 처할 수도 있었으니까요. 수도원은 맥주 양조법이 잘 보존되어 있었고, 일상적으로 맥주를 마셨습니다. 이런 환경에서 힐데가르트도 맥주를 즐겨 마셨을 거라고 자연스럽게 생각해 볼 수 있습니다.

중요한 사실은 그가 여성으로서 맥주를 만들었다는 것입니다. 중세에는 대부분 집안의 여성들이 맥주의 일종인 에일을 만들었습니다. 그래서 에일와이프(alewife)라는 말이 생겼습니다. 집에서 양조하고 남은 에일은 판매했는데 이러한 선술집을 에일하우스(alehouse)라고 했습니다. 에일은 빵만큼이나 중요해 거의 모든 마을에 에일와이프가 존재했습니다. 이렇게 여성이 맥주를 양조하는 전통은 수도원에서도 발견되는데, 여성 수도사가 맥주를 양조하는 것도 당연하게 여겨졌습니다.

1098년 독일 남서부 지역의 도시 뵈켈하임에서 태어나, 어린 나이에 베네딕토 수도원에 보내진 힐데가르트는 수도원 생활 초기부터 일종의 환시에 시달렸다고 합니다. 현대 의학의 관점에서 보면 환시는 편두통의 전조 증상이라는 견해도 있습니다만, 힐데가르트는 이를 신이 보낸 계시라고 생각하고 자신이 받은 신의 계시를 기록하여 남겼습니다. 이것을 보고 받은 당시 교황 에우제니오 3세는

힐데가르트가 신의 계시를 전달하고 있는 모습

이 기록이 신의 계시라고 인정했고 그녀를 예언자로 선포했습니다. 그녀는 이 영향력으로 수도원 원장까지 오릅니다. 힐데가르트는 다른 수녀들처럼 하루 일과를 보냈지만, 다른 수녀들에 비해 상당한 자유를 누렸습니다. 일과 중 여덟 시간은 육체노동을 했지만 그중 대부분 맥주를 양조하며 매일같이 맥주를 마셨습니다. 비교적 자유로운 상황 덕분에 수많은 저작물도 남겼는데, 그중 가장 중요한 것이 《자연학(Physica)》입니다.

이 책은 백과사전처럼 동물과 식물, 그리고 금속이나 석재까지 광범위한 내용을 다루고 있습니다. 그중에서 가장 관심을 끄는 부분은 홉에 관해 언급한 부분입니다. 《자연학》 제1권 61장 〈홉에 관하여(De Hoppho)〉에는 홉을 방부제로 사용한다고 말하고 있습니다. "홉은 따뜻하고 건조하며, 적당히 습기가 있는 식물로, 사람을 우울하게 하기도 하고 영혼을 슬프게 하기도 하지만 홉이 가진 쓴맛은 음료에 방부제 역할을 한다"라는 설명과 함께 "홉 없이 귀리로만 맥주를 만들면 아주 많은 양의 그루트가 필요할 것이다"라고 말합니다. 또한 힐데가르트는 "홉에 부작용이 없는 건 아니지만 맥주를 상하지 않게 하기 위해서는 그루트 대신 홉을 사용해야 하며, 맥주를 오랫동안 보관하는 것이 홉의 부작용보다 중요하다"고 말하고 있습니다. 힐데가르트의 《자연학》은 그녀의 영향력 덕분에 유럽 전역에 전파되었고 덩달아 홉에 관한 지식도 전파되었습니다.

처음으로 홉의 역할을 기록한 것은 힐데가르트지만, 야생의 홉 대신 재배된 홉을 맥주에 사용한 것은 이보다 앞선 9세기 후반쯤입니다. 전문가들은 이 시기 독일 남부 바이에른 할러타우 지역에서 홉을 재배했다고 합니다. 하지만 이때도 홉을 상업적으로 이용하기 위해 재배한 것은 아니었습니다. 상업적인 홉의 재배는 힐데가르트의 이후의 일로 북부 독일, 한자 동맹(Hansa League)의 도시에서 시작됐습니다.

독일의 한자 동맹과 홉

　중세 북부 독일에는 공식적으로 창설된 적도 없고 공식적으로 해체된 적도 없지만 막강한 공동체가 있었습니다. 이 공동체는 대략 12세기부터 시작해 그 유산은 여전히 곳곳에 남아 있습니다. 가령, 맥주 벡스로 유명한 도시 브레멘의 공식 이름은 '자유 한자 동맹 도시 브레멘(Free Hanseatic City of Bremen)'입니다. 여기서 한자 동맹이란 저지 독일어를 사용하는 북독일의 90여 개 도시가 신용으로 결합한 느슨한 연합체를 말합니다. 한자(Hansa)라는 단어는 '한 무리의 남자'라는 뜻으로 길드 조합을 의미하는 단어에서 나왔습니다. 이들은 황제의 통제에서 벗어나 상업적 네트워크를 형성하고 이익을 공유했습니다. 한자 동맹은 연합체의 무역로를 보호하는 것뿐만 아니라 때로는 무장 함대를 갖추고 공동체에 도전하는 세력과 전쟁을 벌일 만큼 막강한 존재였습니다. 한자 동맹의 세력권은 독일 북부의 저지대뿐만 아니라 러시아 북서부, 벨기에, 잉글랜드 동부 등 발트해와 북해를 가까이 두고 있는 나라들까지 포함하고 있었습니다. 한자 동맹의 최고 전성기는 15세기로, 동맹을 이끈 도시는 뤼베크, 함부르크, 브레멘, 쾰른입니다. 이 중 1230년 뤼베크와 함부르크 간의 동맹을 한자 동맹의 시작으로 보는 견해도 있습니다. 동맹은 매우 다양한 상품들을 교역했습니다. 상품뿐만 아니라 잉글랜드의 헨리 8세를 그린 화가로 유명한 한스 홀바인의 그

독일의 한자 동맹이 연상되는 맥주

림이나 화가 자신, 성경 같은 사상도 교역의 대상이었습니다. 수많은 교역품 중 우리가 주목하는 것은 맥주입니다. 맥주는 빵보다 무역하기에 좋은 물품이었습니다. 게다가 무역 거래를 체결할 때 당사자들이 공식적으로 맥주로 건배하는 전통도 있었습니다. 북유럽은 기온이 낮아 포도의 재배가 어려웠기 때문에 곡물을 이용한 맥주가 발전했습니다.

독일 북부는 지역에서 마실 맥주를 소규모로 생산하는 남부와 달리 수출을 기반으로 하는 대형 양조장이 발달했는데, 함부르크는 거의 유일한 산업이 맥주 양조일 정도였습니다. 마틴 루터가 즐겨 마셨다는 아인베크의 맥주도 한자 동맹의 맥주입니다. 독일 남부의 바이에른은 북부의 아인베크의 맥주를 수입하여 마셨고, 아인베크의 레시피를 모방해 복비어를 개발하기도 했습니다. 아인베크의 맥주는 인기가 좋아 독일 남부뿐만 아니라 유럽 전역, 심지어 예루살렘까지 수출되었다고 합니다.

한자 동맹이 맥주를 유럽 전역에 수출할 수 있었던 것은 홉을 사용한 맥주였기 때문입니다. 홉을 사용한 맥주 이전에는 대부분 에일(ale)을 마셨습니다. 에일은 홉이 발견되기 이전에 보리, 밀, 귀리 등의 곡물과 그루트를 첨가해 만든 맥주입니다. 그루트(Gruit)는 맥주의 맛과 고유한 특성을 내기 위해 지역에서 직접 구해 사용한 다양한 허브나 식물을 말합니다. 홉 이전에 사용했던 그루트는 종류만도 40종이 넘어 지역이나 양조자에 따라 맥주의 맛도 가지각색이었습니다. 신성로마제국에서는 그루트에 세금을 매기는 방식으로 맥주를 통제하기도 했는데, 그루트레히트(Grutrecht)라는 권한을 받은 사람만 그루트의 생산과 판매를 독점할 수 있었습니다. 하지만 한자 동맹은 '자유도시'라는 이름에 걸맞게 맥주도 자유롭게 양조했고, 그러다 그루트 중 하나인 홉을 사용한 맥주를 발전시켰습니다. 홉이 들어간 맥주는 보존성이 뛰어나 멀리 영국이나 네덜란드, 노르웨이 연안까지 수출할 수 있었습니다.

영국의 에일과 홉

영국의 경우, 가장 인기 있는 맥주는 에일이었지만, 장기 보존이 가능한 한자 동맹의 맥주가 수입되면서 영국의 에일도 서서히 홉 맥주에 자리를 내주었습니다. 영국에서 홉 맥주의 출현은 다른 유럽에 비해서 다소 늦습니다. 영국은 맥주에 있어서 대단히 보수적이어서 에일을 오랫동안 선호했습니다. 영국의 전통적인 에일은 현대의 에일과는 의미가 다릅니다. 현대의 에일은 라거와 대립하는 의미로 상면 발효 효모를 사용한 맥주를 의미합니다. 영국의 전통적인 에일은 홉을 사용하지 않았기 때문에 쓴맛이 적고 대신 맥아

영국의 다양한 맥주 (사진 출처: 인스타그램 @slg_beerman)

의 단맛이 강했습니다. 영국에서는 에일과 홉 맥주가 한동안 별도의 술로 나란히 존재했습니다. 결국 에일도 홉으로 양조하면서 두 맥주의 차이는 사라졌고, 결국은 에일과 맥주는 같은 말이 되었습니다.

영국에 홉 맥주를 본격적으로 소개한 사람들은 네덜란드 저지대 지역에서 온 일부 이민자들입니다. 네덜란드에서 종교적 박해를 피해, 혹은 경제적 성장으로 영국과 무역하기 위해 영국 동부에 정착한 이 이민자들은 본국에서 홉 맥주를 수입해 마셨습니다. 홉 맥주가 런던에 등장한 이후 서서히 홉은 잉글랜드 전역으로 확대되었습니다. 하지만 그 속도는 매우 느렸습니다. 수입에만 의존하지 말고 홉을 직접 재배해야 했지만, 영국인들은 홉을 치명적이고 해로운 식물로 여겨 다른 유럽 지역보다 홉 재배를 멀리했기 때문입니다. 영국에서 홉을 재배했다는 기록은 대략 16세기에 나옵니다. 켄트 홉이 지금의 켄터베리 근처의 웨스트비어에서 광범위하게 재배되었다는 기록입니다. 한 개의 지역에서 재배된 홉은 점차 확장되어 17세기 이르러서는 영국의 14개의 지역에서 재배되었습니다. 재미있는 사실은 홉의 사용이 확대됨에 따라 영국 정부는 홉에 세금을 부여하기 시작했는데, 맥주 양조장들은 홉의 세금을 피하고자 오히려 브룸이나 웜우드와 같은 홉 대체물을 사용했다는 것입니다.

19세기 중반부터는 영국에 홉 맥주가 완전히 정착됩니다. 이미 포터 맥주를 만드는 데 많은 양의 홉을 사용하였고, 1800년대 페일 에일의 유행이 홉 사용을 가속화했습니다. 특히 인도로 수출되는 인디아 페일 에일에 보존성을 높이려고 홉을 폭발적으로 사용했습니다. 그러면서 영국에서 '맥주' 하면 쓴맛이 적고 달콤한 전통적인 에일에서, 홉을 사용하여 쓴맛이 있는 맥주를 의미하게 되었습니다. 그래서 페일 에일을 비터(bitter)라 부르기도 합니다.

30년 만에 찾은
스타우트와 굴의 페어링 비밀

　스타우트와 굴은 맥주 푸드 페어링의 정석이라고 합니다. 과연 그럴까요? 비릿한 음식이 맥주에 어울리는 경우는 흔하지 않습니다. 생선회를 좋아하지만 회에는 역시 맥주보다 소주라고 생각했습니다. 사실은 스타우트와 굴에 관한 페어링은 경험이 아니라 지식으로 이해하고 있었습니다. 역사적인 맥락에서 스타우트와 굴의 페어링이 이해가 가지 않는 것은 아닙니다. 스타우트는 스타우트 포터에서 나왔습니다. 1800년대 런던에서 스타우트 포터와 굴은 가장 흔하게 먹을 수 있는 음식이었습니다. 포터는 영국의 부둣가에서 포터(짐꾼)들이 마셨던 흔한 맥주였고, 포터(맥주와 짐꾼 모두) 근처에는 굴이 흔했으니 포터와 굴을 함께 먹으면서 자연스럽게 고유한 문화가 되었을 가능성이 큽니다. 다소 낭만이 없는 스토리지만 이것이 사실에 가까울 것이라고 생각했습니다. 스타우트와 굴을 결합한 이유는 맛이 좋았기 때문이 아니라 그냥 그 둘이 그 당시에는 함께 먹기 가장 편했기 때문이라고요.

그럼 실제로는 어떨까요, 정말 스타우트와 굴이 어울릴까요? 스타우트와 굴의 페어링에 관한 일반적인 견해는 이렇습니다. 맛은 단맛, 짠맛, 신맛, 쓴맛, 감칠맛이 하나의 맛이 선명할 때보다 서로 균형을 이루고 복합적일 때 맛의 즐거움이 커집니다. 초콜릿에 소금을 살짝 뿌려 먹으면 단맛이 더 부드럽게 부각됩니다. 유명한 카페의 카페모카를 마시면서 짠맛이 났던 이유는 소금을 살짝 뿌렸기 때문입니다. 스타우트와 굴의 페어링도 이와 비슷합니다.

맥주와 푸드를 페어링하는 데에는 몇 가지 원칙이 있습니다. 반드시 지켜야 하는 기준선이라기보다는 그동안의 경험을 통해 쌓은 지식이겠지요. 물론 맥주 이전에 와인과 푸드 페어링의 연구가 있었으니 그 역사는 오래되었다고 할 수 있습니다. 어디 와인뿐이겠습니까. 우리나라의 전통주도 전통음식과의 궁합을 오랫동안 간직하고 있습니다. 막걸리에는 파전이고, 소주에는 찌개가 아니겠습니까.

라우흐비어(독일의 스모크 비어)는 소시지와 페어링하여 맥주와 음식의 비슷한 특성을 결합합니다. 쓴맛이 강한 임페리얼 스타우트와 단맛인 초콜릿을 페어링하여 서로 대조되는 특성을 결합하기도 합

맥주와 푸드 페어링은 그동안의 경험이 쌓은 지식입니다

니다. 에뿌와스 치즈와 람빅을 페어링해 치즈의 고약한 풍미를 맥
주가 제어할 수도 있습니다. 고제와 생선찜을 페어링하면 서로의
약한 특성을 보완해 줍니다. 진하고 단맛이 강한 아이스복과 마카
롱을 페어링하여 단맛을 극대화하기도 합니다.

　스타우트와 굴의 페어링은 대비되는 페어링이라 할 수 있습니
다. 생굴을 한 모금 들이켜면 굴에서 나온 액체로 입안이 흥건해지
고 짠맛과 바다 향이 가득합니다. 삼킨 후에도 여운이 오래 남습니
다. 아무리 좋아하는 굴이라도 이대로 몇 개를 계속 들이켠다면 짠
맛이 입안 깊숙한 곳에 돗자리를 펼칠 것 같습니다. 이때 드라이 스
타우트는 깊은 곳에 자리 잡은 짠맛을 살짝 끌어내 생기를 불어넣
습니다. 건조하고 가벼운 드라이 스타우트가 바다의 풍미와 대비되
어 상쾌한 맛을 더해 줍니다. 마치 생선회나 해산물을 먹을 때 레몬

즙을 살짝 뿌려 먹는 것과 비슷한 이치입니다. 또 굴의 소금기는 다소 평범한 맥주의 풍미를 끌어올립니다.

굴, 특히 한국에서 생산되는 굴이 맥주에 어울릴까요? 조리된 굴이 아니라 생굴을 말하는 것입니다. 한국의 굴은 충분히 맛있지만 한입에 베어 물어 씹기보다는 미끄러져 삼키듯 먹기 때문에 맥주와 페어링해 볼 틈이 없습니다. 굴은 대체로 낮은 온도에서 시원하게 먹는 편이라 차가운 음식과 맥주의 조합이 그리 좋다고도 할 수 없습니다. 그리고 특유의 비린내와 바다 냄새가 맥주와 어울리는 것 같지도 않습니다. 아무튼 이런저런 이유로 저는 스타우트와 굴의 페어링은 신화에 가깝고 현대적 감각으로의 페어링은 아니라고 생각했습니다.

그런데 통영에서 맛본 굴 덕분에 스타우트와 굴의 페어링을 제대로 이해할 수 있었습니다. 기사 기고로 인연을 맺게 된 잡지사의 초청으로 통영에 다녀왔습니다. 저는 이때까지 한국산 참굴과 스타우트의 페어링에 대해 대단한 감동을 느껴 본 적이 없었기 때문에 통영의 굴이 더욱 궁금했습니다. 이번 여행에서 맛본 통영의 굴은 한국의 굴 양식업체에서 생산하는 태평양 굴(퍼시픽 오이스터)이었습니다. 저에게 페어링의 재미를 주지 못한 한국의 참굴도 사실 태평양 굴의 일종이기도 합니다. 하지만 이번 태평양 굴은 대략적인 크기가 어른 손만 할 정도로 참굴과는 다릅니다. 3배체 개체굴이라고 하는데 산란과 번식을 하지 않고 이에 필요한 에너지를 모두 성장에 사용하도록 개량된 품종입니다. 100g을 성장시키는 데 1년이 걸리고, 3~4년이 된 굴이 특히 맛있습니다.

이 태평양 굴은 비린 맛이나 불쾌하게 느낄 수 있는 맛이 하나도 없고 일반 참굴보다 살점이 상당히 많으며, 맛은 담백하면서 우유를 마시는 듯 부드럽습니다. 후루룩 마시는 게 아니라 오도독 씹어 먹으니 씹을수록 더욱 담백하면서 단맛이 났습니다. 태평양 굴과 페어링한 맥주는 머피스 아이리쉬 스타우트입니다. 기네스 드래프트와 비슷하면서 기네스보다 조금 더 드라이하고 담백한 맛입니다. 알코올 도수도 조금 낮습니다.

머피스 스타우트와 태평양 굴을 페어링한 소회는 이렇습니다. 저는 푸드 페어링을 할 때 다음 3가지를 생각해 봅니다. 맥주를 중심으로 음식을 맞추어 맥주의 풍미가 두드러지는가? 음식을 돋보이게 하려고 맥주를 맞추었는가? 아니면 맥주와 음식을 완전히 섞어 균형잡힌 맛을 내는가? 이번 페어링에서는 음식(굴)이 중심이 되었고 맥주(스타우트)가 음식을 받쳐주는 느낌을 받았습니다. 즉, 드라이한 스타우트가 굴의 풍미를 돋보이게 한다는 점이었고, 풍미와 더불어 질감에서의 균형감이 특별했습니다. 단맛과 쓴맛이 적은 드라이한 스타우트는 묵직하고 담백한 굴 고유의 맛을 해치지 않았고 비린내 하나 없이 끝까지 유지해 주었습니다. 게다가 굴의 부드럽고 푹신한 질감이 맥주의 크리미한 질감과 잘 어울린다는 사실은 특별한 즐거움이었습니다. 결국 신화로 치부했던 스타우트와 굴의

머피스 아이리쉬 스타우트와 굴의 페어링

페어링 감각을 제대로 이해하게 되었습니다.

　그런데 스타우트와 굴의 페어링에서 조심할 부분이 있습니다. 드라이한 스타우트를 선택해야 한다는 것입니다. 풍미가 더 깊고 달콤한 스타우트는 굴의 상쾌함을 떨어뜨릴 수 있기 때문입니다. 낮은 알코올과 가벼운 바디감을 가진 드라이한 스타우트를 추천합니다. 머피스 아이리쉬 스타우트, 기네스 드래프트, 노스 코스트 브루잉의 Old No. 38 등을 추천합니다. 그 밖에 산뜻한 신맛이 나는 맥주도 굴과 페어링에 좋다고 알려져 있습니다. 예를 들면 고제, 람빅, 베를리너 바이세 등입니다. 저는 이날 스타우트에 이어 람빅을 마셨습니다. 스타우트를 먼저 마셔서 그런지 질감이 달라서 살짝 이질감은 있었습니다만 스타우트와 대비되는 멋진 경험이었습니다.

유럽의 '술 마시는 집',
영국의 펍과 프랑스의 카페에 대하여

영국의 술 마시는 집, 펍

펍(Pub)은 '영국의 심장'이라고 합니다. 펍은 퍼블릭 하우스 (Public House)를 줄여 부르는 말인데, 우리말로 굳이 번역하면 '공 공장소'라는 뜻입니다. 말 그대로 공공의 기능을 제공하면서 알코 올 음료를 서비스할 수 있는 공간을 말합니다. 펍에 대한 엄격한 정 의는 없지만, 영국의 에일을 보호하기 위해 설립된 CAMRA에서는 펍에 4가지 특성이 있어야 한다고 말합니다. 1. 회원이 아니어도 이 용할 수 있어야 하고, 2. 생맥주나 사이다를 제공받을 수 있으며, 3. 식사를 하지 않고도 음주를 할 수 있고, 4. 바에서 음료를 구매할 수

영국의 펍

있어야 한다는 것입니다. 펍에 대한 스토리를 가장 광범위하게 펼쳐낸 조용준 작가는 저서 《펍, 영국의 스토리를 마시다》(컬처그라퍼)에서 "펍은 영국 역사에서 하원 역할을 했다"라는 윌리엄 하코크 경의 말을 인용하며 "펍은 최신 뉴스나 가십, 여론을 나누고 토론을 벌이는 정치 마당"이라고 그 역할을 말하고 있습니다. 이처럼 펍은 음식이 없어도 맥주로 식사를 할 수 있고, 맥주 한 잔을 앞에 두고 정치를 논할 수 있는 영국의 '술 마시는 집'이었습니다.

펍의 역사를 이야기하려면 그에 앞서 영국의 인(Inn), 태번 (Tavern), 에일하우스(Alehouse)의 기원에 대해 말해야 합니다. 영국의 브리튼섬은 기원전 55년 로마의 침공을 받아 제국이 멸망하기까지 실질적인 지배를 받았습니다. 로마는 브리튼에 두 가지 유산을 안겨 주었는데, 그것은 바로 도로와 와인 문화입니다. '모든 길은 로마로 통한다'라고 했을 만큼 로마의 도로는 견실하기로 유명합니다. 현재 영국의 간선 도로의 바탕이 이때 만들어진 로마의 도로인데, 이 도로를 따라 지어진 저택이 인과 태번의 기원이라고 합니다. 당시 로마인들은 인과 태번에서 정찬을 곁들이며 와인을 마셨습니다. 이때는 아직 브리튼섬에 에일이 전파되지 않은 시기였고, 로마인들은 와인을 즐겨 마시는 민족이었기 때문입니다. 로마의 몰락과 함께 자취를 감췄던 인과 태번이 부활한 것은 12세기입니다. 이때 영국에서는 영주가 농노에게 토지를 대여하고 그 연공을 받는 장원제가 성립되었습니다. 농노는 영주에게 연공을 바치고 남은 생산물은 시장에 내다 팔았는데, 덕분에 시골과 도시의 교류가 활발해지고 자연스럽게 화폐경제가 발전할 수 있었습니다. 게다가 이 시기 예루살렘을 오가는 순례자들도 증가했습니다. 물류가 늘고 여행자가 증가하자 자연스레 선술집에 묵으며 술을 마시는 문화가 발전했습니다.

인과 태번, 에일하우스는 조금씩 다릅니다. 인은 우리말로 번역하면 '여관'인데, 숙소를 겸비하고 식사와 와인, 게다가 세탁 서비스와 마구간까지도 제공하는 곳이었습니다. 조선시대의 사설 여관인 주막과 비슷하다고 볼 수 있습니다. 반면, 16~17세기에 전성기를 보낸 태번은 와인을 전문으로 팔고 보통 상류층 계급이 이용하는 곳이었습니다. 조선시대에 비교하자면, 신윤복이 그린 '주사거배'에 나오는 선술집과 비슷한 형태라 볼 수 있습니다. 태번이란 이름은 가게를 의미하는 라틴어 Taverna에서 유래했는데, 그 어원을 따라가면 테이블을 의미하는 라틴어 Tabula가 나옵니다. 에일하우스는 인과 태번보다 조금 늦게 생긴 선술집으로, 로마인이 사라진 브리튼 섬에 정착한 앵글로-색슨인들의 술, 에일을 파는 하층민의 공간이었습니다. 정리하자면, 인은 숙소를 겸비한 술 마시는 집, 태번은 요리를 제공하는 중간 정도의 술 마시는 집, 에일하우스는 가장 싼 술을 파는 하층민의 술 마시는 집이라고 할 수 있습니다.

고대부터 시작한 영국의 술 마시는 집은 근현대에 들어오면서 펍으로 불리기 시작합니다. 퍼블릭 하우스라는 말은 17세기부터 시작되었다고 합니다. 17세기에는 도시 소시민들도 일상적으로 맥주를 마시게 되었고, 거의 모든 맥주가 상업적인 양조장에서 만들어졌습니다. 18세기에는 펍의 수가 폭발적으로 증가했고, 드디어 19세기, 빅토리아 여왕의 시기(1837~1901)에 펍은 전성기를 맞습니다. (이 시기를 영국에서는 '빅토리아 시대'라고 부르는데 경제적으로나 문화적으로 영국의 최전성기였습니다.)

펍의 시대에 시민들이 가장 많이 마신 술은 진과 에일이었습니다. 진은 1688년 '명예혁명'과 함께 네덜란드에서 영국으로 들어온 증류주입니다. 진은 다른 술에 비해 세금이 적고 값이 싼 데 반해 알코올 도수는 높았습니다. 가난한 사람들이 저렴한 가격에 얼큰하게 취하는 데 이만한 술이 없었습니다. 하지만 진의 유행은 사회 혼란을 불러왔습니다. 진에 중독된 사람들이 가정을 버리고 거리에서 취해 돌아다니면서 사회적인 불안 요소가 된 것입니다. 술 인문학서인《술에 취한 세계사》(마크 포사이스 저, 서정아 역, 미래의창)에서는 진 때문에 피폐해진 영국의 현실을 묘사하고 있습니다. 가령, 술에 취해 돌봐야 할 아이의 몸에 불이 붙어도 방치한 여인이나 술에 취해 아기를 장작으로 착각해 난로에 넣은 여인의 이야기 등입니다. 그중 최고는 진을 살 돈을 마련하기 위해 자신의 아이를 살해하고, 아이의 옷을 벗겨 시장에 판 돈으로 진을 마셨다는 이야기입니다. 한겨울에 옷이 벗겨진 아이를 두고 떠날 수 없었던 여인은 아이의 목을 졸라 살해하고, 펍에 가서 진 1쿼터를 마셨습니다. 진의 폐해는 그림으로도 남아 있습니다. 18세기 영국의 풍속화가 윌리엄 호가스는 〈진 거리(Gin Lane)〉라는 그림에서 '진 크레이지(Gin Craze)'를 묘사했습니다. 이 그림은 술에 취해 젖가슴을 드러내고 계단에 쓰러져 있는 여인, 계단에서 떨어지고 있는 아이, 해골처럼 삐쩍 마르고 앙상한 갈비뼈를 드러내고 있는 남자, 술에 취해 들것에 실려가면서도 술잔을 입에서 떼지 않고 있는 남자 등 다소 과장되고 끔찍하게 진의 폐단을 묘사하고 있습니다. 하지만《술에 취한 세계사》에 기록된 당시의 상황과 비교하여 크게 과장된 것 같지는 않습니다.

진이 사회적인 골칫거리가 되자 영국 정부는 진보다 맥주를 장려하기 시작합니다. 1830년 조지 4세는 맥줏집에 관한 법률, 일명

〈맥주 거리〉와 〈진 거리〉 1750–1751, 윌리엄 호가스

'비어하우스 법'을 제정합니다. 이 법률에 따라 맥주를 양조하려고 하는 자는 이제 단 2기니(금화의 1/4 온스)의 세금만 내면 언제 어디서나 맥주를 제조하고 팔 수 있게 됐습니다. 이 법의 목적은 맥주의 가격을 낮추고 접근성을 강화해 진 대신 맥주를 마시도록 장려하는 것이었습니다. 덕분에 맥주를 만드는 인과 에일하우스가 폭발적으로 증가하였고, 1841년에는 면허를 받은 맥주 양조장의 수가 4만 5천 개에 이르게 됩니다. 영국에 일찍부터 가양주의 성격을 벗어나 상업화된 맥주 양조장들이 대거 생겨난 이유가 바로 이것 때문입니다. 기하급수적으로 맥주 양조장이 늘어나자, 이 법률은 여러 차례 개선되었으며, 수정된 후속 법안이 1993년까지 유지되다가 최종적으로 폐지되었습니다.

당시 맥주 중 가장 인기 있었던 스타일은 에일의 대표, 페일 에일입니다. '옅다(pale)'는 건 이미 한차례 영국에서 유행했던 스타우트 포터에 비해 좀 더 옅다는 뜻입니다. 하지만 일반적으로 필스너의 황금색보다는 색이 짙었습니다. 페일 에일은 특별히 쓴맛은 아니었지만 비터(bitter)라고 불렸는데, 물론 병에 담기면 페일 에일, 캐스크에 담기면 비터라고 구분하기도 합니다. 페일 에일의 보존 기간을 높이려는 목적으로 홉을 좀 더 추가하고 쓴맛과 알코올 도수를 높인 인디아 페일 에일도 함께 유행하였습니다.

프랑스의 술 마시는 집, 카페

에두아르 마네의 작품 중 〈카페 콩세르의 한구석(Corner of a café-concert)〉이라는 제목의 그림이 있습니다. 이 그림은 19세기 파리의 한 카페를 그린 것입니다. 그림에는 맥주잔을 앞에 두고 담배를 피우는 사내와 맥주 여러 잔을 한 손에 쥐고 서빙하는 종업원의 모습이 보입니다. 그림을 자세히 들여다보면 뒤편에 관악기와 첼로를 연주하는 연주자의 모습도 있습니다. 카페 콩세르는 다양한 계층의 사람들이 술을 마시고 가벼운 공연을 감상할 수 있는 장소였습니다. 전통적인 오페라나 발레 극장은 입장료가 비쌌기 때문에, 중산층뿐만 아니라 소시민이나 노동자들도 카페 콩세르처럼 입장료가 저렴한 공연장을 찾았습니다. 이 그림에서 가장 인상적인 장면은 여러 개

〈카페 콩세르의 한구석〉 1878-1880, 에두아르 마네

의 맥주잔을 한 손에 들고 있는 여종업원의 모습입니다. 마네는 맥주
잔을 여러 개 들고도 맥주 한 방울도 흘리지 않고 서빙하는 종업원의
솜씨에 감탄해 그중 가장 뛰어난 종업원에게 모델이 되어 달라고 부
탁하고 작업실로 초대했다고 합니다. 종업원은 자신의 주인도 함께
가서 돈을 받는 조건으로 마네의 제안을 수락했습니다. 그림 속에서
파란 셔츠의 담배를 피우고 있는 사나이가 그 주인입니다.

　이 그림을 처음 봤을 때 유럽의 여느 맥주 홀 중의 하나라고 생
각했던 저는 그림의 제목을 보고 카페라는 걸 알았습니다. '카페에

서도 맥주를 파는구나!' 그런 생각을 했습니다. 그러고 보니 마네의 작품 중 카페가 등장하는 그림에는 맥주를 마시는 장면이 많습니다. 〈카페 콩세르(The café-concert)〉, 〈카페에서(At the café)〉와 같은 작품입니다. 그렇습니다. 19세기 파리의 카페는 유럽의 '술 마시는 집'이었습니다. 《카페의 역사》(크리스토프 르페뷔르 저, 효형출판)라는 책에서도 카페에서 술을 주문하는 장면이 나옵니다. "하얀 셔츠에 검은 정장을 입은 웨이터는 손가락 끝에 쟁반을 올린 채 숨을 헐떡이며, '흑맥주 셋, 압생트 둘, 베르무트 셋!'이라 소리친다."라는 구절입니다.

프랑스에 카페가 생긴 것은 전적으로 커피 때문이긴 합니다. 이 검은 음료가 처음으로 프랑스에 상륙한 때는 17세기입니다. 16세기 콘스탄티노플(지금의 이스탄불)에 커피하우스가 생긴 이후, 1644년 프랑스의 마르세유 항구에 커피가 도착하고, 1669년에는 태양왕 루이 14세가 사는 파리의 궁정에까지 전파됩니다. (여담이지만, 루이 14세는 베르사유 궁전의 온실에서 직접 커피콩을 재배할 정도로 커피 애호가였습니다. 왕은 직접 재배한 콩을 로스팅하고 갈아 넣어 만든 커피를 궁전의 손님들에게 대접하는 것을 좋아했다고 합니다.) 이후 1686년 문을 연 '카페 프로코프(Café Procope)'가 실질적인 프랑스 카페의 시작입니다. 시칠리아 출신의 셰프 프란체스코 프로코피오가 향신료, 얼음, 레모네이드 등을 판매할 수 있는 왕실 허가를 받은 후, 예리한 사업적 감각으로 커피를 메뉴에 추가했다고 합니다.

2010년도의 카페 프로코프의 모습

　당시의 카페는 실내 장식이 화려했습니다. 벽에는 커다란 거울, 천장에는 샹들리에가 달려 있었고, 테이블은 대리석으로 되어 있었습니다. 대단히 사교적인 공간으로 만들었기 때문에 몰리에르, 라신, 라퐁텐, 장 자크 루소, 디드로, 몽테스키, 볼테르 등 당대의 유명 예술가들이 물밀듯이 카페로 밀려들었습니다. 이 중 18세기 극작가인 볼테르가 카페를 방문한 일화가 재미있습니다. 카페 프로코프는 프랑스 극장 맞은편에 있었는데, 볼테르는 신부처럼 위장하고 몰래 카페에 앉아, 연극이 끝나고 몰려든 관객들이 자신의 연극을 평가하는 것을 즐겨 들었다고 합니다.

　어쨌든, 카페 프로코프의 성공에 고무되어 파리에 우후죽순처럼 카페가 생겨났습니다. 루이 15세의 통치 기간에는 파리에만 6백 개의 카페가 생겼고, 프랑스 혁명 직전에는 그 수가 8백 개를 넘었습니다.

그런데 카페에서 술의 비중이 크다 보니 그에 따른 문제점도 생겼습니다. 이러한 사실은 19세기 후반에 시행된 카페와 관련된 법에 잘 나타나 있습니다. 일명 '카페 법'이라고 하는 이 법률의 취지는 카페와 카바레 등 주류 소매업소의 폭발적 증가와 그에 따른 무질서와 타락을 통제하겠다는 것입니다. 이 법령에 따라 주류 소매업자는 도지사의 승인을 받은 뒤에 개업할 수 있었습니다. 이전까지는 관할 세무서에 개업 신고만 하면 그만이었습니다. 1차 세계대전이 일어날 즈음에 이 법은 더욱 강화됩니다. 알코올 중독이 국가의 존망과 관계가 있다고 생각해 카페에서 파는 술이 다시 공공의 표적이 된 것입니다. 1915년의 법에서는 술을 여러 종류로 분류하여 등급별로 제한을 두었는데, 23도 이상의 술은 아예 파는 것이 금지되었습니다.

한편 파리의 중심가에서 카페가 성행했다면, 도시의 변두리에서 서민들이 드나드는 곳은 카바레였습니다. 카바레는 카페에 비해 음료의 청결 상태는 불결했고 건강에 좋지 않은 음료를 팔았습니다. 와인과 맥주에 불순물을 섞어 팔았다고도 합니다. 하지만 서민들은 휴식 공간이 필요했고, 카바레에서 담배를 피우고 값싼 술을 마시며 여가 시간을 즐겼습니다. 물론 가끔 싸움도 일어나고, 창녀들이 드나들기도 했습니다.

그런데 당시 카페에서 팔던 술은 무엇이었을까요? 우선 압생트가 있습니다. 압생트는 알코올 도수가 40도 이상이 되는 증류주입니다. 값싼 술이었기 때문에 가난한 화가나 작가 등이 즐겨 마신 술이었습니다. 어니스트 헤밍웨이나 빈센트 반 고흐도 즐겨 마셨다고 합니다. 과거의 압생트는 그렇게 질이 좋은 술이 아니었습니다. 압생트를 너무 많이 마시면 향쑥 성분 때문에 중독 증세를 일으키기도 했다는데, 고흐의 정신 착란의 원인을 압생트로 보는 견해도 있습니다.

맥주로 보자면 페일 라거 중 하나인 필스너가 유행하던 시기입니다. 필스너는 1842년에 체코의 플젠 지방에서 처음 만들어진 스타일로 1862년에 파리에까지 상륙합니다. 이어 유럽과 전 세계를 강타하면서, 지역 맥주를 파멸에 이르게 합니다. 영국의 캐스크에 담긴 에일이나 벨기에의 개성 강한 맥주, 심지어 독일의 전통적인 맥주들까지 필스너에 무릎을 꿇습니다. 마네의 카페 그림에서 보이는 밝은 황금색의 맥주도 필스너일지 모릅니다. 그 밖에 마네의 그림을 통해 당시의 여러 가지 맥주를 엿볼 수 있습니다. 가령 〈폴리-베르제르의 바(A Bar at the Folies-Bergère)〉에서는 대리석 테이블에 빨간 삼각형 모양의 라벨을 가진 맥주병이 보이는데, 이것은 영국의 배스(Bass) 양조장의 맥주로 영국에서 유행한 페일 에일입니다. 〈좋은 맥주(Le Bon Bock)〉는 그림의 원제가 바로 '복 맥주'입니다. 그림에서 담배를 피우고 있는 배불뚝이 신사는 한 손에 맥주잔을 들고 있습니다. 브라운 컬러의 살짝 투명한 이 맥주는 독일 출신의 복 맥주입니다.

맥주만큼 흥미로운
맥주 캔의 역사 속으로

2023년 아사히 맥주는 생맥주를 표방하는 캔맥주를 한국에 출시하면서 큰 인기를 끌었습니다. 이 맥주는 이미 일본에서 2021년 4월에 '아사히 슈퍼드라이 나마죠키캔'이라는 이름으로 출시해 대박을 터트린 제품입니다. 나마죠키(生ジョッキ)란 일본어로 '생맥주잔'이라는 뜻입니다. 이 맥주는 맥주의 맛보다는 맥주 캔의 생김새와 기능으로 주목받고 있습니다. 이 맥주 캔은 참치 캔을 따듯이 캔의 상판을 완전히 걷어낼 수 있게 되어 있습니다. 참치 캔처럼 끝까지 힘을 줄 필요 없이, 캔의 뚜껑을 어느 정도까지만 걷어 올리면 깔끔하게 뚜껑이 열리는데, 이때 캔 안쪽의 요철과 캔을 개봉했을 때의 압력으로 거품이 발생합니다. 따로 잔에 따르지 않아도 그

대로 마시면 훌륭한 생맥주가 된다는 발상입니다. 아사히는 거품이 발생하는 맥주 캔을 발명하기 위해 4년간 연구했다고 합니다.

그럼, 아사히가 선보인 맥주 캔은 캔의 역사에서 몇 세대 정도에 해당할까요? 맥주 캔에도 세대가 있을까요? 핸드폰에도 세대가 있고, 걸그룹에도 세대가 있는 것처럼 맥주 캔도 꽤 오랜 역사를 지니고 있다 보니 나름대로 세대를 구분할 수 있습니다. 공식적으로 맥주를 캔에 담아 발매한 것은 1935년 1월입니다. 하지만 발매 약 1년 전부터 프로토타입이 있었고, 회사가 아닌 개인적인 관심은 훨씬 오래되었습니다. 이후 맥주 캔에는 총 4번의 커다란 스타일 변화가 있었습니다. 맥주 캔의 역사를 살펴보면 의외로 재미있는 사실이 많은데요, 아사히 생맥주 캔이 나오기까지 맥주 캔에는 어떤 재미있는 스토리가 있었을까요?

금주법이 폐지되기 직전인 1933년, 미국 최대의 캔 제조회사인 아메리칸 캔 컴퍼니는 당장 사용할 수 있는 맥주 캔을 개발하여 크루거 양조장에 공급했습니다. 크루거는 그해 임시로 캔 제조 설비를 세우고 알코올 도수 3.2%의 캔맥주 2천 개를 시제품으로 만들었습니다. 3.2%는 당시 주정부가 허용할 수 있는 최대 알코올 도수였다고 합니다. 이렇게 만들어진 캔맥주를 맥주 애호가에게 나눠주고 그들의 반응을 살폈습니다. 그 결과는 놀라웠습니다. 맛이 좋다고 평가한 평가자가 91%이고 생맥주나 병맥주보다도 맛이 좋다고 평가한 평가자가 85%였습니다. 매우 성공적인 결과에 크루거는 캔맥주를 바로 생산해도 되겠다는 희망을 품었습니다. 이런 과정을 거쳐 1935년도에 처음으로 캔맥주가 발매되었으니 1933년의 시제품은 캔맥주 역사의 시작이라 할 수 있겠습니다.

하지만 캔맥주를 처음 시도한 것은 사실 크루거 양조장이 아닙니다. 1909년 워싱턴에 살던 독일 이민자 출신의 이상주의자, 레오폴트 슈미트는 캔 안에 맥주를 넣을 수도 있겠다는 생각을 하고 있었습니다. 그래서 자신이 생각한 맥주 캔의 가능성을 아메리칸 캔 컴퍼니에 문의해 봤지만 불가능하다는 답변을 받았습니다. 그 이유는 기술력의 부족 때문이었습니다. 당시의 캔 기술로는 25psi(압력을 측정하는 단위, Pound per Square Inch)에서 35psi 정도의 압력을 다룰 수 있었지만, 맥주가 저온살균을 위해 처리되는 과정에서 80psi의 압력이 발생할 수도 있었습니다. 또 당시에는 맥주 캔에 표면 처리를 하지 않아, 캔 표면에 접촉된 맥주의 맛이 변질되는 현상이 나타났습니다. 그 후 10년간 맥주 캔에 대한 연구는 별다른 결실이 없었습니다. 게다가 1919년 금주법이 통과되면서 알코올 음료와 관련된 모든 분야가 암흑기였습니다. 하지만 아메리칸 캔 컴퍼니는 나름대로 연구 개발을 계속한 것으로 보입니다. 왜냐하면 1925년에 특허 번호 1,625,229번으로 맥주 캔 특허를 출원한 기록이 있기 때문입니다. 한편 맥주 캔에 관심이 있었던 파브스트와 앤호이저-부시도 아메리칸 캔 컴퍼니를 설득하여 맥주 캔 시제품을 제작해 보자고 제안했습니다. 이렇게 하여 아메리칸 캔 컴퍼니는 당시 레

코드를 만드는 데 사용하는 비닐라이트
와 에나멜을 섞어 캔의 표면에 발라 맥
주 맛이 변질되는 현상도 막을 수 있었
습니다. 덕분에 1935년 시제품으로 만
들어진 캔이 처음으로 발매될 수 있었던
것입니다.

최초의 맥주 캔, Kruger Cream
Ale, 1935

캔맥주의 공식적인 생일은 1935년 1
월 24일입니다. 버지니아주 리치몬드에
있는 크루거 양조장은 크루거 파이니스
트 맥주와 크루거 크림 에일을 처음으로
상업적인 캔맥주로 발매했습니다. 이 캔맥주는 아메리칸 캔 컴퍼니
가 개발한 12온스 용량의 캔을 사용했습니다. 12온스는 약 355ml
로 현재의 버드와이저 330ml 캔과 비슷한 용량이고, 스타벅스 톨
사이즈와 같은 용량입니다. 아무튼 이 캔맥주는 출시하자마자 상
당한 인기를 끌었습니다. 크루거 사는 캔맥주를 생산하기 이전보다
매출이 무려 550% 이상 상승했다고 합니다. 같은 해 7월 이번에는
역대 두 번째로 내셔널 캔 컴퍼니가 개발한 캔에 트루 블루 맥주와
트루 블루 에일이 출시되었고, 8월에는 대형 맥주 회사로는 처음으
로 파브스트가 수출용 맥주에 캔을 사용했습니다.

1세대. 플랫 탑 스타일 Flat Top Style

최초의 캔맥주는 어떤 모양이었을지 상상이 가나요? 의외로 쉽게 생각할 수 있습니다. 이미 통조림 형태의 캔이 사용되고 있었기 때문에, 최초의 맥주 캔도 바로 이

최초의 맥주 캔은 통조림 같은 플랫 탑 스타일

형태로 만들어졌습니다. 이 스타일을 '플랫 탑'이라고 부르는데 글자 그대로 캔의 상판이 평평하게 되어 있다는 말입니다. 통조림 캔과 마찬가지로 별도의 캔 따개로 개봉해야 하는 스타일입니다. 지금은 캔이 얇고 가벼운 알루미늄으로 되어 있지만 처음에는 강철로 되어 있었습니다. 최초의 맥주 캔은 길이가 14cm, 두께가 0.3cm였고 캔의 무게만 무려 4온스(113g)에 달했다고 합니다. 처치 키(Church Key)라고 불리는 맥주 캔 따개가 없이는 열 수 없었습니다.

2세대. 콘 탑 스타일 Cone Top Style

캔에 맥주를 담는 아이디어까지는 좋았으나 한 가지 문제가 있

었습니다. 이 신기술을 사용하기 위해서는 기존의 병입 공정을 개조할 필요가 있었다는 점입니다. 영세한 양조장에서는 큰돈을 들여 새로운 캔입 시설을 설비할 수가 없습니다. '콘 탑'은 이러한 단점을 해소하고 기존의 병입 공정을 그대로 사용하기 위해 만든 캔입니다. 콘 탑은 캔의 상부를 원뿔형으로 만들고 병에 사용했던 크라운 병뚜껑을 그대로 끼워 넣을 수 있는 구조입니다. 덕분에 기존의 병입 설비를 개조하지

기존의 병입 공정을 그대로
사용할 수 있는 콘 탑 스타일

않고 그대로 사용할 수 있었습니다. 또한 반드시 캔 따개를 사용해야 하는 기존의 번거로움 방식보다 훨씬 편하고, 가격 또한 저렴하였기 때문에 소비자의 입장에서도 좋은 방식이었습니다. 하지만 판매자 입장에서는 불편하기 짝이 없었습니다. 콘 탑은 차곡차곡 쌓을 수가 없어서 여러 개를 묶는 박스화가 힘들었기 때문입니다.

콘 탑은 1935년 9월, 콘티넨탈 캔 컴퍼니가 만들었고, 콘 탑을 처음으로 사용한 양조장은 슐리츠(Schlitz)입니다. 그리고 이 스타일은 처음으로 미국 이외의 지역인 영국에서 사용되었습니다. 콘 탑은 이후 여러 캔 제조 회사에서, 캔의 목에 해당하는 부분의 길이나 생김새에 따라 로우 프로파일(Low Profile), 하이 프로파일(High Profile), 제이-스파우트(J-spout), 크라운테이너(Crowntainer) 등으

로 변형되어 발전하였습니다. 주로 소규모 양조장에서 사용되었던 콘 탑은 1960년대 거대 양조 기업들이 소규모 양조 회사들을 도산시키면서 점차 종적을 감추게 되었습니다. 그리고 1962년 전혀 새로운 캔의 시대를 맞게 됩니다.

3세대. 풀 탭 스타일(Pull Tab Style)

맥주 캔의 역사에서 또 하나의 혁명은 당겨서 따는 캔입니다. 1962년 3월, 미국 피츠버그에 있는 대표적인 맥주 회사 아이언 시티 양조장은 혁명적인 맥주 캔을 개발하였습니다. '풀 탭'이라고 불린 이 방식은 캔 상단에 있는 링

링에 손가락을 끼워 당겨 따는 풀 탭 스타일

에 손가락을 끼우고 확 잡아당기면 뚜껑이 가볍게 따지는 방식으로 '쉽게 열리는 캔(easy-open can)'의 시대를 열었습니다.

1963년 3월에는 콘 탑을 처음 선보였던 슐리츠 양조장에서 풀 탭과 비슷한 캔을 개발하여 '팝 탭'이라고 부르고 이를 전국적으로 판매하기 시작했습니다. 이 스타일의 캔맥주는 거침없이 뻗어 나가

1965년에 전체 캔맥주의 75%를 차지할 정도로 빠르게 확산되었습니다. 풀 탭은 약 10년간 경쟁자가 없는 독보적인 전성기를 맞았으나, 캔 뚜껑의 처리 문제가 대두되면서 새로운 스타일의 캔이 요구되었습니다.

4세대. 스테이 탭 스타일 Stay Tab Style

'스테이 탭'은 더 이상의 설명이 필요 없는 방식입니다. 왜냐하면 현재 사용되고 있는 캔 대부분이 이 스타일이기 때문입니다. 앞서 설명한 풀 탭은 혁명과도 같았지만, 캔 뚜껑은 재앙이었습니다. 캔에서 분리된 캔 뚜껑이 마구 늘어나면서 쓰레기도 문제가 되었고, 반려동물이나 야생동물이 캔 뚜껑을 먹고 죽는 경우도 생겼으며, 아이들이 캔 뚜껑을 가지고 놀다가 다치는 일도 생겼습니다. 이러한 문제점들은 캔 뚜껑이 그대로 캔에 매달려 있는 스테이 탭이 발명되면서 해결되었습니다. 스테이 탭은 1975년 루이스빌에 있는 폴스 시티 양조장에서 처음으로 맥주에 도입하였습니다.

그런데 강철로 만들어진 맥주 캔은 언제부터 알루미늄 캔으로 바뀌게 되었을까요? 1898년부터 호놀룰루에서 유서 깊은 양조장이었던 하와이 양조장은 1958년 프리모 맥주에 처음으로 알루미늄 캔을 도입했습니다. 이 캔은 모든 소재가 알루미늄으로 된 11온스

캔 뚜껑이 남아 있는 스테이 탭 스타일

캔이었습니다. 1959년에는 미대륙에서는 처음으로 콜로라도에 있는 쿠어스와 볼티모어에 있는 건더 양조장이 7온스 알루미늄 캔을 도입하였습니다. 1960년에는 슐리츠 양조장이 처음으로 강철 캔의 바디에 상판을 알루미늄으로 덮은 캔을 도입하였습니다. 강철 캔은 점점 자취를 감추어 1984년에는 거의 사라졌습니다.

아사히 맥주 캔은 다음 세대를 이끌 수 있을까요? 사실, 아사히의 맥주 캔은 최초의 시도도 아니고 유일하지도 않습니다. 미국의 슬라이 폭스 브루잉은 자사의 맥주 헬레스 골든 라거의 캔에 전체 뚜껑을 들어 올리는 방식을 넣어 미국에서 처음으로 'Topless' 맥주 캔을 선보인 적이 있습니다. 한국에서는 최근 플래티넘 브루어리가 편의점 자체 상표 상품으로 아사히 생맥주 캔과 비슷한 뚜껑을 따는 맥주를 선보였습니다. 아사히 맥주 캔이 한순간의 유행으로 끝날지, 한 세대를 이끌 5세대 캔이 될지는 지켜볼 일입니다. 여러분들은 몇 세대의 맥주 캔을 경험해 보셨나요?

기네스의 역사는
광고와 함께 흐른다

"큰부리새가 나오는 기네스 광고 본 적 있어?"

"없는데."

운전하면서 아내에게 물었더니 아내는 나의 뜬금없는 소리에 퉁명스럽게 대답합니다.

"옛날에는 기네스를 마시면 건강에 좋다고 광고했대. 그래서 임산부도 기네스를 즐겨 마셨다던데."

"그래? 설마!!"

이것이 제 아내의 반응입니다. 설마 임산부가 술을 마셨겠어! 라면서 흘깃 쳐다봅니다.

큰부리새가 나오는 기네스의 광고   존 길로이의 작품을 새겨 넣은 흰옷을 입은 기네스
(사진 출처: 인스타그램 @choonbeer)

    2018년 기네스는 매우 특별한 맥주를 선보였습니다. 기존의 흑
맥주 패키지와는 전혀 다른 흰옷을 입은 기네스 캔을 출시한 것입
니다. 이것은 기네스의 여러 동물 광고를 디자인한 존 길로이(John
Gilroy, 1898~1985)의 탄생 120주년을 기념하여 출시한 '기네스 길로
이 에디션'입니다.

    기네스와 기네스 광고에 관한 이야기를 해보려고 합니다. (기네스
의 역사에 관해서라면 앞서 서술한 바 있으니 먼저 읽어 보시기 바랍니다.) 기네
스의 첫 광고는 1794년입니다. 이 시기는 창립자 기네스와 그 아들
기네스 2세가 공동경영 체제로 회사의 성장을 주도했던 시기입니
다. 당시 기네스는 에일 생산을 중단하고 포터 생산에 집중하여 맥
주 판매량을 두 배로 늘리는 등 성장 가도를 달리고 있었습니다. 첫
광고는 〈젠틀맨스 매거진(Gentleman's Magazine)〉이라는 영국 잡지
에 게재되었는데 광고 타이틀이 '건강, 평화 그리고 번영'이었습니
다. 기네스는 첫 광고부터 맥주와 건강을 연결한 것입니다.

기네스의 두 번째 광고 전략은 하프를 브랜드 로고로 채택한 것입니다. 즉 브랜드 로고에서 늘 보이는 하프가 전략적으로 광고 역할을 한 것입니다. 기네스는 아일랜드의 전통 악기인 하프를 기네스의 문장으로 도입하여 기네스를 마시는 것이 곧 애국심의 표현이라고 아일랜드 국민의 심정적인 변화를 끌어내 기네스의 판매를 촉진시켰습니다.

기네스를 건강에 좋은 음료로 소개하는 초창기의 광고

늘 승승장구할 것만 같았던 기네스에게도 시련은 있었습니다. 첫 번째 시련은 1914년에 발발한 1차 세계 대전입니다. 이때 기네스 직원의 20%가 자원해서 입대했다고 합니다. 전쟁이 한창이던 1917년에는 매출이 절반 수준으로 떨어졌습니다. 두 번째 시련은 영국 의회가 맥주에 대한 세금을 올리고, 맥주의 그래비티를 낮추는 법을 제정한 것입니다. 맥주의 그래비티란 맥주의 밀도로 곧 맥주의 알코올 도수와 연결됩니다. 알코올 도수가 낮은 기네스의 맥주는 맛이 떨어질 수밖에 없었습니다. 게다가 영국은 술집의 영업을 11시까지로 제한하는 법을 제정하기도 했습니다. 세 번째 시련은 1919년 미국이 금주법을 제정한 것입니다. 이 사건으로 기네스

금주법으로 맥주를 버리는 제조업자와 그들을 감독하는 감독관

는 미국 시장을 통째로 잃게 되었습니다.

기네스가 위기를 극복한 방법은 광고였습니다. 사실 기네스는 첫 광고 이후 한동안 광고를 거의 하지 않았습니다. 하지만 전쟁이 끝나면서 상황은 달라졌습니다. 기네스는 최초의 마케팅 전략가인 벤 뉴볼드의 설득을 받아들여 지금까지 회자되는 독특한 광고를 만들었습니다. 1929년은 '검은 화요일'로 불리는 뉴욕 증권 시장의 몰락이 시작된 해입니다. 이때 다시 한번 기네스의 매출도 절반 수준으로 떨어지게 되었는데 이 위기도 광고로 극복했습니다.

2차 세계 대전이 끝날 즈음에 기네스의 훌륭한 광고 아이디어를 냈던 뉴볼드가 세상을 떠났습니다. 그의 죽음은 굉장한 손실이었습니다. 하지만 그가 죽기 1년 전 또 다른 인재를 기용하여 그를 보좌했는데 그가 바로 휴 비버(Hugh Beaver)입니다. 비버는 우리에게 기네스북을 만든 인물로 유명합니다. 여담이지만, 비버는 친구와 함께 사냥하다가 영국에서 사냥감이 되는 새 중에서 어느 새가 가장 빠른지에 대한 논쟁이 붙었습니다. 이에 대한 정확한 답을 찾을 수 없어 각종 이야깃거리나 통계를 묶어 책을 출간했

기네스 광고를 한 단계 끌어올린 존 길로이

는데 그것이 기네스북의 시초입니다. 비버는 시대의 흐름을 정확히 파악하고 있었습니다. 그는 전쟁이 끝나면 기네스의 긴 슬럼프는 끝날 것이며 비즈니스는 금방 확장될 것으로 내다봤습니다. 그는 공장을 확장했고 무엇보다 기존의 광고를 더더욱 강화했습니다.

기네스의 광고를 말할 때 빠질 수 없는 인물이 또 있습니다. '존 길로이'입니다. 투칸이라는 큰부리새가 그려진 기네스 광고가 길로이의 작품입니다. 1928년부터 1960년대까지 동물을 주제로 한 컬러풀한 광고는 대부분 길로이의 손끝에서 나왔습니다. 그는 기네스 광고의 차원을 한 단계 위로 바꾸어 놓은 인물로 평가받고 있습니다. 그는 35년이 넘는 기간 동안 총 백 편 이상의 광고와 50여 개의 포스터를 만들었습니다.

그의 작품은 우연히 시작되었습니다. 그는 어느 날 동물원에서

GUINNESS is good for you

My Goodness, My GUINNESS

GUINNESS for Strength

Lovely day for a GUINNESS

묘기를 부리는 바다사자를 보고 참신한 생각이 떠올랐습니다. '저 녀석의 코끝에 기네스 잔을 올려놓으면 균형을 잡는 모습이 재미있 겠는걸', 그리고 이러한 컨셉을 기네스 광고로 만들었습니다.

기네스는 역사적으로 아주 유명한 맥주 슬로건을 가지고 있습니 다. 여기에 익살스럽고 컬러풀한 길로이의 작품을 곁들여 1929년 2

기네스 탄생 250주년을 기념하는 포스터

월 '당신에게 좋은 기네스(GUINNESS is good for you)'를 영국 언론에 처음으로 게재한 이후로, 1930년 'GUINNESS for strength', 1935년 'My Goodness, My GUINNESS', 1954년 'Lovely day for a GUINNESS' 등을 선보였습니다. 길로이가 디자인한 동물 광고는 수없이 많습니다. 맥주가 담긴 잔을 꿀꺽 삼킨 타조, 맥주를 훔치는 곰, 주머니에 맥주가 담겨 있는 캥거루, 입 속에 맥주병을 가득 담고 있는 펠리컨. 악어, 펭귄, 거북이, 사자 등 모두 그의 작품입니다.

2009년 9월 24일은 아서의 날이었습니다. 이해는 기네스 양조장이 탄생한 지 250년이 되는 해이며, 9월 24일은 창립자 아서 기네스(Arthur Guinness, 1725.9.24-1803.1.23)가 태어난 날입니다. 이후 매년 9월 24일을 아서의 날로 기념하고 있습니다. 아서의 날을 기념한 포스터가 있어 소개합니다.

무알코올
맥주도
취하나요?

누구에게나 무알코올 맥주를 마셔야 할 때는 옵니다. 저는 최근에 건강상의 이유로 무알코올 맥주를 즐겨 마시고 있습니다. 제 개인 SNS는 무알코올 맥주의 시음기로 넘쳐납니다. 그러다 보니 무알코올 맥주에 관심을 가진 분들과 자주 대화를 하게 되었고, 생각보다 많은 분들이 무알코올 맥주를 즐겨 마시는 걸 알게 되었습니다. 이런 경험으로 미루어 보아 앞으로 한국에서의 무알코올 맥주 시장은 더욱 커질 것이라는 생각이 듭니다. 미국에서는 이미 무알코올 맥주가 맥주 시장의 1%가량을 점유하고 있습니다. 많은 맥주 양조장이 자사의 대표 맥주들을 무알코올 맥주로 출시하고 있기도 합니다.

시중에는 다양한 무알코올 맥주들이 판매되고 있습니다

맥주는 발효 과정을 통해 만들어집니다. 효모는 워트(Wort, 맥아 즙)에 포함된 당분을 먹고 이산화탄소와 알코올을 배출합니다. 무알코올 맥주는 알코올을 적게 배출하는 특수 효모를 사용합니다. 물론 무알코올 맥주의 양조 과정이 이렇게 단순한 것은 아닙니다. 그보다 훨씬 복잡하고 다양한 기술을 사용합니다. 아무튼 이러한 과정을 거쳐도 알코올은 발생합니다. 그래서 발효 후 추가로 알코올을 제거하는 작업을 하는데, 이 공정을 거치면서 맥주의 알코올 뿐만 아니라 풍미도 손실됩니다. 무알코올 맥주의 맛이 일반 맥주보다 떨어지는 이유입니다.

간혹 무알코올 맥주인데 알코올이 포함되어 있어 놀라는 분들이 있는데, 이런 후공정을 거쳐도 알코올은 완전히 제거되지 않기 때문입니다. 그래서 0.05%나 0.5% 등 맥주에 따라 다르지만 알코올 도수가 표기되어 있습니다. 알코올이 완전히 0.0%인 무알코올 맥주는 이런 발효와 후공정을 거치지 않고, 처음부터 맥주 맛을 흉내 내어 만든 맥주 맛 음료라고 할 수 있습니다. 이 둘을 구분하여 전자를 비알코올 맥주, 후자를 무알코올 맥주라고 부릅니다. 즉 비알코올 맥주는 허용 한도 내에서 어느 정도 소량의 알코올을 가지고 있는 제품이고, 무알코올 맥주는 알코올이 전혀 없는 제품입니다. 우리나라에서는 하이트 제로나 클라우드 제로가 무알코올 맥주이고, 이 외 대부분은 비알코올 맥주입니다. 하지만 소비자들은 비알코올과 무알코올의 차이를 잘 알지 못합니다. 대부분이 '무알코올 맥주'로 통칭되는 이유입니다. 이 글의 제목도 무알코올 맥주지만 사실은 비알코올 맥주에 관한 이야기입니다.

전 세계에서 무알코올 맥주와 비알코올 맥주를 구분하는 동일한 기준은 없습니다. 가령 미국에서는 제품에 알코올이 전혀 없을 때 알코올프리(alcohol-free), 알코올이 0.5% 미만일 경우에는 논알코올(non-alcohol)이라고 합니다. 영국에서는 0.05% 미만까지는 알코올프리 또는 제로알코올이라고 쓸 수 있습니다. 0.5%까지는 논알코올, 1.2%까지는 로우알코올이라고 합니다. 미국과 영국 외의 유럽에서는 조금 더 관대합니다 0.5% 미만까지 알코올프리라고 쓸 수 있습니다. 한국의 주세법에서는 알코올이 전혀 없는 제품을 무알코올, 1% 미만으로 포함되어 있으면 비알코올이라고 구분합니다. 비알코올 맥주라고 해서 모두 1%의 알코올을 가지고 있다는 뜻

과일이나 식초, 빵 등에도 알코올이 포함되어 있습니다 (사진 출처: unsplash)

은 아닙니다. 알코올 비율은 맥주마다 다르고, 같은 맥주라고 해도 양조 때마다 다르게 나올 수도 있습니다. 정리하자면 알코올프리는 무알코올이고 논알코올은 비알코올이라는 식이지만, 아무래도 무(無)와 비(非)의 차이가 혼란스럽기만 합니다. 게다가 전 세계 맥주가 공존하는 한국의 시장에서 무알코올 맥주의 경계는 더더욱 모호할 수밖에 없습니다.

무알코올 맥주를 마시고도 취할 수 있을까요? 평균적으로 비알코올 맥주가 0.5%의 알코올을 가졌다고 치면 그 양은 어느 정도나 될까요? 0.5% 정도의 알코올은 우리가 일상적으로 먹는 음식에도 포함될 수 있는 양입니다. 가령 바나나에는 0.2% 정도의 알코올이 포함되어 있다고 합니다. 조금 검게 숙성된 바나나라면 0.4%까지 증가합니다. 호밀빵에는 0.18%, 숙성된 배에는 0.04% 정도의 알코올이 포함되어 있습니다. 이런 음식에 알코올이 포함되어 있는 것은 맥주와 마찬가지로 발효의 결과입니다. 발효는 술뿐만 아니라 간장이나 식초, 빵 등을 만들 때에도 일어나고, 당분이 있는 과일에서 자연적으로도 발생하기도 합니다. 그러니까 우리가 일상적으로 먹는 음식에는 생각보다 상당한 양의 알코올이 포함되어 있습니다. 하지만 이 정도는 알코올 음료에 비하면 턱없이 작은 양이고, 물론 취할 정도도 아닙니다. 마찬가지로 0.5%의 비알코올 맥주를 마셔도 취하기는 쉽지 않습니다.

그렇다면 이런 질문을 할 수도 있습니다. 0.5% 비알코올 맥주 10개를 마시면 취하지 않을까? 0.5% 비알코올 맥주 10개면 이론적으로는 맥주 5%와 같습니다. 하지만 '취한다'는 것은 맥주의 알코올 도수가 아니라 혈중 알코올 농도에 의해서 결정됩니다. 보통 혈중 알코올 농도가 0.04%에 도달하면 근육이 이완된 느낌을 받고 기억력에 손상이 일어난다고 합니다. 이런 경미한 영향을 끼치는 혈중 알코올 농도 0.04%를 '취한다'라고 가정한다면, 우리가 0.5%의 비알코올 맥주를 마시고 혈중 알코올 농도 0.04%까지 도달하는 것은 대단히 어렵습니다. 왜냐하면 그만큼의 맥주를 체내에 채워 넣는 데 시간이 걸릴 뿐만 아니라 맥주를 마시는 속도와 비슷한 속도로 신체가 알코올을 처리하기 때문입니다. 보통 0.5% 맥주 1파인트를 마시면 몸은 평균적으로 16분 안에 알코올을 처리한다고 합니다. 비알코올 맥주에도 알코올은 있지만 아무리 빨리 마셔도 취하지 않는 이유입니다. 하지만 개인에 따라 알코올 분해력은 다르니 조심은 해야겠습니다.

4장

한국 맥주의 뿌리를 찾아서

대한민국
크래프트 맥주 연대기

조선시대 말 한국에 맥주가 처음으로 등장한 이후, 한국 맥주 시장을 이끈 것은 줄곧 오비맥주와 하이트맥주, 양대 산맥이었습니다. 21세기가 되었을 즈음, 조금 낯설지만 한국에도 드디어 수제 맥주가 등장했습니다. 이제 20년이 조금 넘은 한국의 수제 맥주는 미국의 크래프트 맥주의 성장 속도만큼은 아니어도 성장 가능성이 무한합니다.

한국의 맥주는 1876년 일본과 맺은 강화도 조약으로 인해 시작되었습니다. 조선이 일본과 맺은 불평등 조약이었고, 이 조약으로 인해 일본의 상품이 무관세로 수입될 수 있었습니다. 여기에는 맥주도 있었는데 삿포로 맥주가 일본에서 수입된 최초의 맥주였으며,

에비스 맥주와 기린 맥주가 연달아 수입되었습니다. 그러던 중 일본은 우리 땅에서 그들의 자본과 기술로 맥주를 직접 생산하기로 마음먹었습니다. 1933년, 대일본맥주(삿포로맥주, 아시히맥주, 에비스 맥주가 합쳐진 회사)가 교통의 요지 영등포에 '조선맥주주식회사'를 설립했습니다. 그해 12월에는 기린맥주가 역시 영등포에 소화기린맥주를 설립했습니다. 이 두 회사는 현재의 하이트맥주와 오비맥주의 전신에 해당됩니다. 카스맥주가 오비맥주에 흡수되기 전 3개의 맥주 회사가 있을 때도 있었고, 한독맥주라는 비운의 맥주 회사도 있었습니다만, 한국 맥주는 줄곧 오비맥주와 하이트맥주의 양강 체제였습니다. 물론 지금은 롯데맥주까지 더해 한국 맥주사에서 3번째로 3개의 대기업 맥주 회사가 동시에 존재하는 시대입니다.

한국에 수제 맥주가 처음 등장한 시기는 월드컵이 개최된 2002년입니다. 자국에서 열린 월드컵 대회에서 4강에 오르며 한국 축구사의 변곡점을 썼지만, 이 해 수제 맥주가 처음으로 허용되어 맥주사에도 변곡점을 썼습니다. 정부는 그동안 묶어 놓았던 경제정책과 문화, 예술 등 여러 분야에 걸친 각종 규제를 풀었습니다. 국제적인 행사를 앞두고 선진국 수준의 비즈니스 여건을 만들고, 대중이 참여하는 문화를 만들기 위해서였습니다. 주세법에는 소규모 맥주 면허가 도입되어 지금보다 제한적이긴 하지만 소규모 맥주 양조가 허용되었습니다. 양조한 가게에서만 맥주를 팔 수 있는 형태로 당시에는 이를 '하우스 맥주'라고 불렀습니다. 새로운 맥주에 대한 호기

심과 대기업 맥주에 대한 지루함은 수제 맥주 열풍을 일으키기에 충분했습니다. 서울을 중심으로 시작된 수제 맥주는 지방으로 확산되어 2005년에는 1백 15개로 늘어날 만큼 그 인기가 폭발적이었습니다. 이 시기를 흔히 수제 맥주 1세대라고 부릅니다. 서울의 바네하임, 경기의 카브루, 울산의 트레비어와 화수브루어리, 대전 충청의 바이젠하우스 등이 이 시기에 탄생하여 지금까지 운영되고 있는 브루어리입니다. 1세대 수제 맥주의 특징은 대부분 독일식 맥주였다는 점입니다. 황금색의 맑은 필스너, 향긋한 밀맥주 바이젠, 어두운 라거 둥켈을 일명 '필바둥'이라하여 인기를 끌었습니다.

하지만 초기 열풍은 빠르게 식어 갔습니다. 소규모 맥주 면허가 도입된 지 3년 만에 1백 15개의 양조장이 생길 만큼 정점을 찍은 수제 맥주 양조장은 2013년에는 58개로 급감했습니다. 그 이유는 '맥주를 만든 곳에서만 맥주를 팔 수 있다'는 제한 때문이었습니다. 외부로의 유통이 막히니 더 이상의 이익을 낼 수 없는 구조가 발목을 잡은 것입니다. 전문 양조사의 부족도 문제였습니다. 수입 장비를 도입하면서 초반 몇 년간 본국의 양조 기술자들이 함께 들어왔습니다. 하지만 시간이 지나고 그들이 떠나자 맥주 품질의 일관성이 떨어지기 시작했습니다. 이러자 열광적이었던 대중들의 관심도 식어 갔습니다. 분명 '필바둥'은 새로운 맥주였지만 이제 필바둥 이외에는 새로울 것이 없었고, 게다가 맥주의 품질은 실망스러웠습니다.

한국 수제 맥주 1세대 바네하임의 맥주 (사진 출처: 인스타그램 @VANEHEIMBREWERY)

수제 맥주라는 마당을 나온 암탉은 크래프트 맥주가 되었습니다. 꺼져 가던 수제 맥주 시장은 또 한 번의 주세법 개정과 미국 크래프트 맥주의 등장으로 인해 살아났습니다. 2013년에 개정된 주세법에서는 수제 맥주의 외부 유통이 허용되었습니다. 2015년에는 소규모 맥주 제조자에 대한 과세표준 경감 조치가 이루어졌고, 2017년 주세법 개정에도 소매점 유통 허용, 맥주 재료 확대 등 소규모 맥주 제조자에 유리한 몇 가지 내용이 포함되었습니다. 그리고 이 시기 미국의 크래프트 맥주와 맥주 문화가 본격적으로 들어오기 시작하면서 수제 맥주를 크래프트 맥주라고 부르기 시작했습니다. 즉 '브루펍'이라는 마당을 벗어난 수제 맥주가 크래프트 맥주라고 불리게 된 것입니다. 필바둥에 익숙했던 대중들은 미국식 페

2세대 플레이그라운드의 맥주 (사진 출처: 인스타그램 @playground)

일 에일과 IPA를 접하게 되었고, 수입사는 미국 크래프트 맥주 이외에도 벨기에 맥주나 영국 맥주 등을 경쟁적으로 수입하였습니다. 이 시기를 보통 수제 맥주 2세대라 부릅니다. 수제 맥주 1세대 오너들이 비즈니스 측면에서 시장에 뛰어들었던 반면, 2세대의 오너들은 맥주에 좀 더 집중했다고 할 수 있습니다. 이미 외국에서 실력과 경험을 쌓고 온 양조사, 아니면 외국인 양조사가 직접 운영하는 양조장도 등장했습니다. 수도권의 어메이징 브루어리, 플레이그라운드, 핸드앤몰트, 맥파이 브루잉, 부산의 갈매기 브루잉, 고릴라 브루잉, 와일드 웨이브, 대전충청의 더랜치, 칠홉스 브루잉 등이 이 시기에 생겨난 양조장입니다.

2020년은 한국 수제 맥주 역사의 3번째 변곡점이 되었습니다. 스마트 오더가 허용되어 온라인으로 주문하고 찾아가는 서비스도

가능해졌고, 위탁 제조도 허용되었습니다. 하지만 가장 큰 변화는 맥주의 세금이 종가세에서 종량세로 바뀐 것입니다. 종가세에서는 가격에 비례하여 세금을 부과하지만, 종량세에서는 가격과 상관없이 양에 비례해 세금을 부과합니다. 수제 맥주는 대기업 맥주에 비해 좋은 재료를 많이 사용하다 보니 가격이 비쌀 수밖에 없었는데, 원가가 높아도 세금이 일정한 종량세로 개선되어 가격 경쟁력이 좋아진 것입니다. 플래티넘, 제주맥주, 세븐브로이, 카브루 등 편의점에서 4캔 만 원에 살 수 있는 한국 맥주는 대부분 이러한 혜택을 보았다고 할 수 있습니다.

한국 수제 맥주는 이제 스물을 갓 넘었습니다. 어느덧 보호를 받아야 하는 나이에서 스스로 성장해야 하는 나이가 된 것입니다. 그동안 한국의 수제 맥주는 성장을 거듭하며 세계적인 수준으로 올라섰습니다. 미성숙한 한국 맥주의 성장을 조심스럽게 지켜봤지만, 앞으로는 성년식을 치른 맥주를 흐뭇하게 지켜봐도 될 것 같습니다.

외세의 침략으로 시작된
한국 맥주의 비긴즈

이전 글에서 한국 크래프트 맥주의 역사를 짚어 봤습니다. 하지만 깊게 다루지 않은 부분이 크래프트 맥주가 아닌 한국 대기업 맥주의 역사입니다. 한국에서 맥주의 시작은 대단히 흥미롭습니다. 아시아의 다른 나라들과 마찬가지로 한국의 맥주도 외세의 침략으로 시작되었습니다. 한국 맥주의 시작을 조선시대 맥주, 최초의 맥주 사진, 영등포라는 3가지 시선으로 살펴보겠습니다.

금주령에 언급된 조선시대의 맥주는 무엇이었을까?

조선시대에도 맥주가 있었을까요? 결론부터 말하자면 조선시대에는 맥주가 없었습니다. 서양의 맥주가 이 땅에 들어온 때는 조선이 거의 몰락하고 외세의 개입이 본격화된 개화기 시절이었습니다. 그런데 놀랍게도 개화기 이전, '맥주(麥酒)'에 대한 언급이 조선왕조실록에 두 번이나 나옵니다. 어떤 사연일까요?

첫 번째 맥주에 대한 언급은 1755년 영조 31년 9월 8일의 기록입니다. 영조는 금주령을 엄격하게 시행한 왕으로 알려져 있는데, 금주령에서 제외한 일부 술에 맥주라는 술이 포함되어 있습니다. 금주령에 대한 영조의 생각은 처음에는 형평성의 문제도 있고 일괄적으로 시행되지 않으면 혼란스러울 수도 있기에 조심스러웠습니다. 하지만 사람의 몸을 해치고 곡식을 소모하는 술의 폐단이 더 크다며 금주령을 추진합니다. 그러면서 좋은 계책을 냅니다. 왕부터 서민까지 술을 금하는 것을 원칙으로 하되 일부의 술에 대해서는 예외를 두는 것이었습니다. 제사나 나라의 경사가 있을 때 베푸는 술에는 예주(醴酒)를 사용할 수 있고, 군인들에게 내리는 술은 탁주만 쓰며, 농민들의 술인 보리술(麥酒)과 탁주는 금하지 않는다는 것입니다. 맥주가 언급된 부분이 바로 이 부분입니다.

"위에서는 왕공(王公)에서부터 아래로 서민에 이르기까지 제사와 연례(宴禮)에는 예주만 쓰고 홍로(紅露) · 백로(白露)와 기타 술이라 이름한 것도 모두 엄히 금하고 범한 자는 중히 다스리겠다. (중략) 군문(軍門)의 호궤(犒饋)에는 단지 탁주(濁酒)만을 쓰고,

농민들의 보리술(麥酒)과 탁주 역시 금하지 말아야 한다."

두 번째 맥주에 대한 언급은 같은 해 9월 14일의 기록입니다. 금주령에 예외 사항을 여럿 두다 보니, 생각한 대로 금주령이 지켜지지 않았던 모양입니다. 첫 번째 금주령을 내린 후 곧바로 금주령을 다시 하교하며, 제사나 나라 잔치 등에는 예주는 허락하지만, 탁주와 맥주도 금지하라는 내용입니다.

"다시 생각해 보니, 향촌(鄕村)의 탁주(濁酒)는 바로 경중(京中)의 지주(旨酒)이니, 위로 고묘(告廟)하고 아래로 반포한 후에는 한결같이 해야 마땅하다. 경외의 군문(軍門)을 논하지 말고 제사(祭祀) · 연례(讌禮) · 호궤(犒饋)와 농주(農酒)는 모두 예주(醴酒)로 허락하되 탁주와 보리술(麥酒)은 일체로 엄금하라."

그럼, 여기서 말하는 맥주는 무슨 술이었을까요? 조선 후기 금주령에서 언급한 맥주는 문헌 기록이 없어 제조 방법과 맛까지는 알수는 없습니다. 대신 조선 전기에 쓰인《산가요록》이라는 요리책에 맥주라고 언급된 술의 제조 방법이 나옵니다. 이 책에 따르면, 맥주는 보리를 재료로 하고 밑술*과 덧술**로 만드는 전통주입니다. 서양

---

*   술을 빚을 때에 빨리 발효하도록 누룩, 지에밥과 함께 조금 넣는 묵은 술
**   술의 품질을 높이기 위하여 밑술에 넣는 술밑이나 술밥

의 맥주와는 확연히 다릅니다. 서양의 맥주가 맥아와 홉을 사용하여 풍미와 쓴맛을 낸 술이라면, 조선시대의 맥주는 보리로 빚은 발효주 중의 하나였습니다. 대신 알코올 도수가 무려 15도가 넘었다고 하니 선조들의 독한 술에 대한 열망을 느껴 볼 수가 있습니다.

최초의 맥주 사진이 의미하는 것은?

신미양요 당시 외국인 종군기자 펠리체 베아토가 찍은 사진은 한국 최초의 맥주 기록으로 알려져 있습니다. 이 사진에는 허름한 옷차림을 한 조선인이 맥주병을 가득 들고 있는 모습이 담겨 있습니다. 맥주병은 대략 10병 정도, 정면에 보이는 삼각형 모양의 라벨로 봐서는 영국의 유서 깊은 양조장 배스(bass)의 맥주입니다. 맥주병 밑으로는 〈Every Saturday〉라는 미국 잡지가 보이고, 손가락에서 한 번도 빼지 않았을 것 같은 담뱃대도 보입니다.

이 사진을 찍은 경위에 대해서는 2021년 〈어재연 장군 순국, 신미양요 150주년 기념 학술회의〉의 학술지(이하 학술지)와 일본에 거주한 외국인 기자 윌리엄 그리피스가 지은 《은자의 나라 한국》(신복룡 역, 집문당)에 자세히 나와 있습니다. 베아토는 이탈리아계 영국인 기자로 전 세계를 돌아다니며 상업 사진과 전쟁 사진을 찍었으며, 중국, 일본, 한국 등을 모두 다녀 본 최초의 종군 사진사이기도 합니다. 그는 일본에서 활동하던 중에 미국의 함선에 올라 조선으

신미양요 당시 맥주병을 들고 있는 조선인의 사진

로 들어온 후 신미양요의 전 과정을 사진으로 남겼습니다. 이 사진도
그중 하나입니다. 사진에 찍힌 인물은 인천부의 아전 '김진성'이라는
하급 관리입니다. 인천부는 조선시대 23부제 중 하나인 지방 행정조
직이었습니다. 아마 김진성이라는 인물은 미국의 함선이 처음 도착
한 지역의 마을을 대표하는 인물이 아니었을까 싶습니다. 그래서 다
른 문헌에는 하급 관리가 아니라 마을 이장이라고 표현되어 있기도
합니다. 이 사진 외에 거의 같은 장소에서 촬영된 3인의 단체 사진도
있는데, 그 사진에 있는 인물은 의주 통사 문정관이라고 합니다. 그
러니까 미국의 함선이 인천의 어느 한 동네에 도착했을 때, 지역의

하급 관리였던 김진성이 먼저 배에 올랐고, 나중에 보고받은 후 조정에서 파견한 3인의 관료가 배에 올라 사진에 찍힌 것입니다.

그리피스의 책에는 조선인 4명이 미국의 함선에 올라탄 경위가 더 자세하게 설명되어 있습니다. 신미양요는 1886년 평양의 군민들이 공격해 배를 불태운 '제너럴 셔먼호 사건'의 책임과 통상을 요구하기 위해 침략한 미국과 이를 방어하기 위한 조선 간의 전투입니다. 제너럴 셔먼호 사건 후 5년이 지난 1871년, 미국은 일본 나가사키에 기함과 포함을 갖춘 함대를 정박하고, 5월 16일 나가사키에서 출항하여 강화도로 향했습니다. 강화도 강 어귀에 도착한 함대는 탐사를 위해 일부 군인들을 보트에 태워 보냈습니다. 이 수병들이 뭍에 오른 것은 5월 28일입니다. 뭍에 올라온 수병들은 주민들의 친절한 대접을 받았으며, 구리 단추나 푸른 제복, 유리병 같은 신기한 물건들을 보여주며 환심을 샀습니다. 그리고 마을 사람들에게 함대가 당분간 머무르겠다는 뜻을 전달하고 작약도와 영종도 사이에 함대를 정박했습니다. 함대가 정박하자 몇몇 마을 사람들이 나룻배를 타고 접근해 주저 없이 갑판에 오른 건 5월 30일입니다. 마을 사람들은 대원군이 곧 3명의 관리를 대표로 파견할 것이라는 문서를 전달하고 융숭한 대접을 받았습니다. 그들은 배를 두루 구경하고, 식사와 술을 대접받았으며, 갑판 위에서 사진을 찍기도 했습니다. 이때 찍힌 사진이 이 귀중한 최초의 맥주 사진입니다.

이 사진은 한국에서 찍은 최초의 맥주 사진으로 한국의 맥주사에도 의미가 있지만, 서양인이 한국에서 찍은 최초의 한국인이라는 점에서 사진사적인 의미가 더 큽니다. 하지만 다소 아쉬운 점은 당시 조선인을 바라보던 서양인의 시선입니다. 이 사진의 작품명은 〈문명인을 응시하는 조선인〉, 그리피스의 책에서는 〈문명의 첨단〉이라고 소개하고 있습니다. 이 사진을 찍은 사람은 문명인이고 찍힌 사람은 비문명인이라는 멸시가 깔린 듯합니다. 베아토가 어떤 의도로 사진을 찍었는지는 추측해 볼 일이지만, 그리피스의 표현은 비교적 분명합니다. "얼마나 흡족한 표정인가, 이 사진을 보라. 조선인은 매우 공순했으며, 이러한 아슬아슬한 순간에도 함박 같은 미소를 짓고 있다"고 했습니다. 그러고는 "기독교 국가 미국이 조선에 최초로 준 선물이 '알코올, 맥주, 술'이니 참 훌륭한 상징"이라며 우쭐하게 이 사진에 대한 설명을 덧붙였습니다. 그리피스의 글을 읽고 베아토의 사진을 다시 보면 사진의 의도가 보입니다. 학술지에서는 '맥주와 잡지는 근대의 산물이고 문명인의 선물이지만 갓을 벗어 던진 상투 차림의 모습과 비위생적인 담뱃대는 야만의 산물이며, 비문명인이라는 외국인의 시선'이라고 평하고 있습니다. 이 사진을 본 서양인에게 은연중에 아시아인을 멸시하는 감정이 생기지 않았을까요?

최초의 맥주 양조장이 영등포에서 시작한 이유는?

신미양요 전투의 결말에 대해 아시나요? 우리는 드라마 『미스터

미군은 신미양요 전투에서 승리한 후 수교 협상에는 실패하고 어재연 장군의 깃발만 가지고 돌아갔습니다

션샤인』을 통해서 신미양요 전투의 모습을 비교적 생생하게 알고 있습니다. 전투는 조선인 3백 44명 사망, 미군 3명 사망이라는 결과로 알 수 있듯이 미국이 압도적으로 승리했습니다. 하지만 미국은 수일 동안 수교 협상만 하다가 원하는 협약을 체결하지는 못하고 어재연 장군의 깃발만 가지고 돌아갔습니다. 그런데 이때 미국의 함대에는 일본의 외무성 하급 관리인 안도 다로라는 정보원이 있었습니다. 이 정보원은 전투를 끝까지 지켜보고는 조선의 병력 상황을 일본에 넘겼으며, 이것이 4년 후 일본이 강화도 조약과 개항을 성사하는 데 큰 영향을 미쳤습니다.

강화도 조약은 조일수호조규라고도 하는데, 일본과 맺은 불평등 조약입니다. 이 조약으로 조선은 부산, 원산, 제물포의 세 항구를 개항하였고, 개항장의 일정 지역에 일본인의 거주를 허용하였으며, 조선에 서양의 신문물이 들어왔습니다. 이 중 하나가 거주 일본인을 위한 맥주였습니다. 처음으로 정식 수입된 맥주는 삿포로 맥주입니다. 삿포로는 1876년 홋카이도에 세워진 맥주 양조장으로, 일본에서 일본인이 세운 최초의 상업 양조장이기도 합니다. 일본의 첫 상업 맥주가 한국의 첫 수입 맥주가 된 셈입니다. 이어서 에비스 맥주와 기린 맥주가 연달아 수입되었습니다. 1910년이 되면 한국에 일본 맥주 회사의 출장소가 생기면서 본격적으로 맥주를 수입하기에 이릅니다. 하지만 이때까지만 해도 맥주는 한국에 거주하는 일부 부유한 외국인들을 위한 것으로, 한국인들이 마실 수 있는 술은 아니었습니다. 가격도 비쌌습니다. 일본식 비빔밥이 50전, 맥주한 병이 75전이라는 기사도 났는데(1921년 4월 21일, 동아일보), 맥주가물 건너온 밥 한 끼보다 비싼 것이었습니다.

1920년대, 일본인들은 우리 땅에 맥주 양조장을 세우려 했고, 1933년 영등포에 우리나라 최초의 맥주 양조장, 조선맥주주식회사(조선맥주)가 설립되었습니다. 조선맥주는 일본의 대일본맥주의 자회사로 만들어진 회사입니다. 대일본맥주는 지금으로 치면 삿포로 맥주, 아시히맥주, 에비스맥주가 합병하여 설립된 맥주 회사로 당시 일본에서 70%의 점유율을 보일 정도로 큰 회사였습니다. 조선맥주는 일본 자본과 조선 자본 7:3 비율로 설립되었습니다. 설립 당시부터 일본의 자본 비율이 큰 데다 양조 기술 모두 일본에서 들여

1933년 국내 최초의 맥주 회사인 조선맥주가 영등포에 설립되었습니다

온 것으로, 양조장만 한국 땅에 있을 뿐 거의 일본 회사였습니다. 조선맥주는 크라운 맥주라는 상표를 사용했으며, 1998년에 하이트 맥주로 사명을 바꾸었고, 2005년에 소주 회사와 합병하여 지금의 하이트진로가 되었습니다.

일본에서 대일본맥주의 점유율을 제외한 나머지 점유율을 가지고 있던 기린맥주는 1933년 12월에 역시 영등포에 소화기린맥주를 설립했습니다. 소화기린맥주는 해방 후 일본인들이 떠나고 적산 공장으로 지정되었다가, 소화기린맥주의 주주이기도 했던 두산 박승직 사장이 계승하여 이름을 동양맥주로 바꾸고 OB 맥주라는 상표를 사용했으며, 1995년부터 회사명이 오비맥주가 되었습니다.

그런데 최초의 맥주 양조장들이 모두 영등포에서 시작한 이유는 무엇일까요? 조선맥주는 영등포가 다른 지역과 철길로 연결되어

오비맥주 주식회사 공장터

이 장소는 1933년부터 맥주를 생산한 우리나라 최대 맥주회사인 오비맥주 주식회사의 공장터입니다. 오비맥주 영등포 공장이 1997년 이천으로 이전하면서 서울시가 영등포 공원으로 조성하여 시민들의 휴식공간으로 제공하고 있습니다.

(구 오비맥주 영등포 공장)

OB
GOLDEN LAGER

1993년 12월 영등포에 오비맥주의 전신인 소화기린맥주가 설립되었습니다

있어 맥주를 수출하거나 맥주 재료를 수입해 오기 좋다고 생각했습니다. 또한 근처에 흐르는 샛강의 물맛이 좋고 수량이 풍부해 맥주를 양조하기에 적합한 곳이었다고 합니다. 소화기린맥주도 맥주 수송을 위한 역과 선로가 있어 이곳에 자리를 잡았다고 합니다. 일본이 1920년대, 처음 조선에 맥주 공장을 지으려고 적당한 토지와 수질 좋은 곳을 찾았을 때, 평양이나 경성(영등포는 원래 경기도 시흥군 소속이었으며 1936년에 서울에 편입되었습니다)도 후보지였습니다. 하지만 편리한 교통, 수질, 수해 염려 등을 고려하여 최종적으로 선정된 곳은 영등포였습니다. 영등포는 토지 가격이 서울에 비해 저렴하고, 경인선과 경부선의 개통으로 교통이 편리했으며, 산이 없는 평지에 한강을 끼고 있어 각종 공장을 짓기에 적합했습니다. 조선맥주와 소화기린맥주는 이렇게 입지 조건이 좋은 곳에 공장 부지 문제

가 해결되자 곧바로 맥주 공장을 설립한 것입니다. 1931년 만주사변 이후 군수 사업이 활발해지면서 방직 공장이나 가공 공장 등 다양한 공장 시설들도 영등포에 들어오게 됩니다. 당시 영등포역 주변에만 24개의 공장이 있었다고 합니다.

최초의 양조장 터를 찾아가는 영등포 시간 여행

조선맥주의 양조장 부지는 지금의 영등포 푸르지오 아파트입니다. IMF 이후 경영이 악화한 하이트맥주는 이 용지를 매각하고 저렴한 부지를 찾아 공장을 이전하였습니다. 그곳이 현재 하이트맥주 공장이 있는 강원도 홍천입니다. 영등포 푸르지오 아파트에 가면 110동과 113동 사이에 있는 놀이터 안에 맥주통 조형물이 하나 남아 있습니다. 대한민국 맥주의 시초를 기리는 곳에 "예로부터 물이 깨끗하고 좋기로 유명한 곳에 1933년 우리나라 최초의 맥주 공장이 설립되었다"는 내용의 기념물이 세워져 있습니다. 하지만 아무 관심을 받지 못하고 방치되어 있어 안타깝습니다.

소화기린맥주의 양조장 부지는 지금의 영등포 공원입니다. 1933년부터 1997년까지 운영되었던 영등포 공장은 주변이 개발되고 거주지가 들어서면서 공장 소음으로 주민들의 민원과 항의가 빗발치자, 서울시가 오비맥주와 합의하여 공장용지를 매입하여 공원으로 조성하였습니다. 오비맥주는 1997년 경기도 이천으로 이전하였습

영등포 아파트 단지에 있는 한국 최초의 맥주   영등포 공원 내에 있는 오비맥주 기념 조형물
양조장 기념 조형물

니다. 영등포 공원에는 현재 맥주 담금솥이 조형물로 남아 있습니다. 이 담금솥은 1933년부터 소화기린맥주가 맥아를 끓일 때 사용하였던 것으로, 오비맥주가 이전하면서 서울시에 기증했습니다.

그 밖에 영등포에는 근대 역사의 흔적이 가득합니다. 대선제분 공장 부지는 현재 근린생활시설로 재생되고 있습니다. 지금의 타임스퀘어 자리는 과거 경성방직이 있던 자리이기도 합니다. 그리고 무엇보다 세월의 흔적을 간직한 곳에서 새로운 맥주 공간을 발견할 수 있습니다. 문래동에는 일제 강점기 철공소 건물을 개조해 만든 비어바나 양조장과 펍이 있고, 영등포역 앞 오래된 먹자골목에는 적산 가옥에 자리 잡은 아트몬스터가 있습니다. 외세의 침략으로 시작된 한국 맥주의 자리에 근사한 크래프트 맥주가 자리를 잡았습니다.

박물관에서 보는
한국 맥주의 현대사

제주도에 한 번이라도 가본 적이 있다면, '제주에는 별의별 박물관이 다 있네'라고 생각하셨을 것입니다. 이 중 술에 관한 박물관도 있을까요? 혹은 맥주에 관한 박물관은요? 저는 여행을 하면 제일 먼저 숙소를 잡고, 숙소 주변에 무엇이 있는지를 알기 위해 지도를 꼼꼼히 살펴보는 습관이 있습니다. 이번 제주 여행에서는 서귀포 신시가지에 숙소를 잡고 지도를 살펴보던 중 국세청 주류면허지원센터라는 곳을 발견했습니다. 게다가 이 센터 내부에 한국 술 전시관이 있다는 걸 알아냈습니다.

국세청 주류면허지원센터는 한국에서 출시되거나 수입되는 술을 분석해 술의 규격을 검사하고 수입 술의 경우에는 위조 여부를 분석하여 국세청의 주세 업무를 지원하는 곳입니다. 센터는 원래 1909년 양조시험소로 창설되었고, 2015년도에 서귀포로 이전하였습니다. 센터 1층 현관에 로비 공간을 조금 할애해 만든 주류전시관이 있습니다. 이곳은 방문객이 별로 없는 작은 전시관입니다. 제가 갔을 때도 전시관 불이 꺼져 있을 정도로 평소에는 사람이 거의 찾지 않는 곳입니다. 안내자에게 전시관을 보러 왔다고 하니 상당히 의아해하는 표정으로 "어디서 오셨어요?"라고 묻습니다. 그러면서 주섬주섬 벽면의 스위치를 올려주었습니다. 전시관의 불이 환하게 켜졌을 때 살짝 설렜습니다. 묵언수행을 끝낸 갖가지 술병들이 반짝반짝 빛을 내면서 저에게 말을 거는 것 같았습니다. 이 전시관에는 전통주뿐만 아니라 소주, 맥주, 위스키, 와인 등 우리나라 술의 역사와 주세에 관한 자료들이 전시되어 있습니다. 저의 관심 분야인 맥주를 찾아 천천히 이동했습니다. 출입문에서 가장 먼 구석에 한국 근현대에 있었던 맥주병과 맥주 캔이 옹기종기 모여 있습니다. 쉽게 접할 수 없었던 오래된 맥주들을 보고 있자니 맥주 향수에 젖었습니다. 오비 수퍼 드라이와 크라운 수퍼 드라이를 보자니 이현세와 노주현의 맥주 광고가 생각났고, 하이트 천연암반수를 보자니 맥주병에 붙어 있던 맥주 온도계가 떠올랐습니다. 오비 아이스와 오비 넥스는 톱스타를 낸 광고에도 불구하고 실패로 기억되는 맥주였고, 인터넷 자료로만 봤던 이젠벡 맥주도 보였습니다. 박물관에서 본 맥주만 가지고 한국 맥주의 현대사를 이야기할 수 있을까요?

70년대, 이젠 맥주 삼국시대 이젠벡 맥주

전시관에서 가장 눈에 띈 맥주는 이젠벡 맥주입니다. 지금은 오비맥주, 하이트진로, 롯데칠성음료의 대기업 맥주와 수많은 수제 맥주가 공존하는 시대입니다만, 한국에서는 오랫동안 오비맥주와 하이트맥주의 양강 체제가 유지되어 왔습니다. 한국 맥주 역사상 세 번째 맥주를 가진 것은 딱 세 번뿐이고 그것도 그리 길지 않은 기간입니다. 가장 최근에는 2014년 롯데주류가 클라우드를 생산하면서 지금의 대기업 맥주 삼국시대를 만들었고, 조금 거슬러 올라가 1992년에 진로쿠어스가 카스 맥주를 내면서 1999년 오비맥주에 흡수되기까지 8년 동안 맥주 삼국시대를 이끌었습니다. 그리고 한국 맥주의 역사 속에 첫 맥주 삼국지를 만든 것이 바로 이젠벡입니다.

이젠벡은 많은 분이 생소하게 느낄 겁니다. 사실 저도 제 나이보다 많은 맥주에 대해서 소문으로만 들어 알고 있습니다. 이젠벡은 1972년에 설립된 한독맥주의 맥주 브랜드입니다. 한독맥주는 섬유업체인 삼기물산이 당시 서독의 이젠벡 사의 지분 49%를 투자받아 설립한 맥주 회사입니다. 양강 맥주 업체의 견제가 심한 시기였기 때문에 국내 판매는 못 하고, 생산하는 맥주의 전량을 외국에 수출한다는 조건으로 국내 맥주 제조 면허를 취득했다고 합니다. 실제 인도네시아와 홍콩을 상대로 계약을 체결하고 수출도 했습니다. 하지만 공장가(47원)보다 낮은 수출가(42원)로 출혈수출을 감수하면서까지 운영하다가 부도 위기에 몰렸습니다. 설상가상 빈 병 회수까지 힘들어 적자 폭은 더 커졌다고 합니다. 이젠벡은 이러한 경영상의 어려움을 수출이 아닌 국내 출시로 전환하여 극복해 보려고 했습니다. 하지만 정부는 이젠벡이 국내 시판을 할 경우 인가를 취소하겠다고 으름장을 놓았습니다. 그동안 수출용으로 세금을 면제받았으니 국내 시판을 불허하겠다는 입장으로, 이젠벡이 면제받았던 세금을 모두 완납한 후 국내 시판을 허용했습니다.

이젠벡은 필스, 알트, 복 등 총 5종의 맥주를 출시했습니다. 역대 대기업 맥주 중에 가장 파격적인 라인업이 아닐 수 없습니다. 당시

1972년에 출시된 한독맥주의 이젠벡 필스

양조 시설도 연간 4백만 상자를 이상을 생산할 수 있는 규모였다고 하는데, 7백만 상자를 생산할 수 있었던 동양맥주(오비맥주)에 비해서도 결코 뒤지는 규모가 아닙니다. 1975년 이젠벡 맥주는 국내 시판 후 3개월간 15%의 점유율을 보이며, 품귀현상이 일어날 정도로 선풍적인 인기를 끌었습니다. 하지만 당시 맥주 양강인 동양맥주와 조선맥주의 견제가 심했습니다. 두 회사는 공판 체계를 최대한 활용하여 판매 경로를 방어하였고, 이젠벡이 화학주라는 소문을 퍼트려 공동의 적을 1년 반 만에 도산시킵니다. 물론 그보다는 내부적인 문제 즉 불법 융자와 사기 계약서 때문에 스스로 망가진 것도 사실입니다. 한독맥주는 은행 융자를 받기 위해 회사 간부들과 짜고 위조한 회사의 주권을 담보로 전북은행 서울지점 등 7개의 금융기관에서 대출을 받았습니다. 또 모기업인 삼기물산은 1백 20개의 공사기관의 인장을 만들어 홍콩 영사 확인의 수출 계약서를 위조했고, 이를 통해 한국외환은행에서 무담보로 융자를 받았습니다. 이것은 큰 금융 스캔들이 되었습니다. 이러한 대출 사기 사건으로 한독맥주뿐만 아니라 관련된 은행장들도 무더기로 물러났습니다. 결국 1977년 부도를 낸 한독맥주는 조선맥주에 매각되었고 한국의 첫 번째 맥주 삼국지는 겨우 6년 만에 막을 내립니다.

80년대, 드라이 맥주 광고 전쟁

수퍼 드라이라는 똑같은 이름의 오비 맥주와 크라운 맥주를 보니 80년대가 생각 납니다. 80년대를 생각하면 가장 먼저 떠오르는 맥주가 드라이 맥주이기 때문입니다. 드라이 맥주는 아사히가

1989년에 출시된 조선맥주의 크라운 수퍼 드라이

1987년에 아사히 수퍼 드라이를 발매하고 공전의 히트를 치면서 크게 유행했습니다. 드라이 맥주라고 하니 필스너나 헬레스처럼 하나의 맥주 스타일로 생각할 수도 있지만, 그렇게 보기는 어렵습니다. 아무튼 이 드라이 맥주 하나로 아사히는 매각의 수렁에서 건져집니다. 뒤처져 있던 시장 점유율을 빠르게 회복했을 뿐만 아니라 세기가 바뀐 후에는 기린맥주의 점유율을 따라잡았습니다. 이렇다 보니 다른 맥주 업체도 너나 할 것 없이 드라이 맥주를 생산하기에 이릅니다. 기린은 '기린 드라이'를, 삿포로는 '삿포로 드라이'를, 산토리는 '산토리 드라이'를 앞다투어 발매합니다. 이 모든 것이 1988년 한 해에 이루어진 사건입니다. 하지만 드라이 맥주 분야에서는 아사히와 경쟁이 힘들다고 느낀 회사들은 다른 쪽으로 눈을 돌리게 됩니다. 그것은 맥아의 비율을 낮춘 발포주나 제3의 맥주의 유행으

로 이어졌습니다.

일본 맥주의 영향을 직접적으로 받고 있던 한국에서도 80년대 후반 드라이 맥주가 출시됩니다. 오비맥주는 1989년 7월에 '오비 수퍼 드라이'라는 이름으로, 곧이어 조선맥주는 1989년 8월에 '크라운 수퍼 드라이'라는 이름으로 드라이 맥주를 출시합니다. 이와 동시에 전에는 볼 수 없었던 맥주 광고 전쟁이 벌어집니다. 두 회사는 이전에 봐 왔던 광고와는 사뭇 다른 분위기로 광고를 송출합니다.

먼저 오비맥주는 유명 만화가 이현세의 야성미를 내세운 광고를 냅니다.* 이전 오비맥주의 광고는 회식에서 마시기 좋은 맥주, 친구들과 마시기 좋은 맥주를 강조한 면이 있습니다. 반면 이번에는 맥주의 강렬함과 청량함을 전면에 내세웁니다. 대표적인 광고 문구가 '강한 첫맛, 깨끗한 끝 맛'이니까요. 광고는 루이 암스트롱의 「What a wonderful world」라는 노래가 깔리면서 시작합니다. 이현세가 컨버터블 자동차를 타고 보리밭 사이를 달립니다. 야성미 넘치는 큰 개도 함께 타고 있습니다. 차에서 내려 맥주를 맥주잔에 따르고 그대로 시원하게 마십니다. 그러면서 말합니다. "오비가 좋습니다. 오비 수퍼 드라이." 다른 버전에서는 이현세가 색소폰을 부는 친구를 찾아갑니다. 친구는 보리밭 사이에서 색소폰을 불고 있습니다.

* 이현세의 오비 수퍼 드라이 광고

연주가 끝난 친구와 함께 맥주를 마십니다. 기존의 광고에서 이미 여러 차례 다루었던 '친구와 함께 마시는 맥주'라는 주제와도 일맥상통합니다. 또 다른 버전에서는 역시 컨버터블 자동차를 타고 뜨거운 열기로 가득 찬 중동의 광야를 거칠게 달립니다. 차를 잠깐 멈추고 지도를 살펴보더니 태양 빛이 강렬한 사막 한가운데에서 맥주를 마십니다. 맥주는 갈증 해소를 위한 음료라고 말하는 듯합니다. 모두 남자의 야성미를 강조하고, 남성을 타깃으로 하고 있습니다. 그러면서 '새로운 맛의 맥주, 오비 수퍼 드라이. 오비가 완성한 고발효 드라이 공법, 이것이 본격 드라이' 등의 카피를 반복해 이것이 본격 드라이 맥주라는 사실을 줄곧 주지시킵니다.

이에 반해 크라운 맥주는 당대의 미남 탤런트 노주현을 앞세워 야성보다는 부드러움을 강조하였습니다. 점잖은 신사의 이미지가 있는 노주현이 부드러운 미소를 지으며 중후한 목소리로 맥주를 말합니다. "드라이는 크라운, 크라운 수퍼 드라이가 좋습니다." 내레이션은 여성 목소리입니다. "분명하고 깔끔한 그가 좋다. 크라운 수퍼 드라이. 그와 나누는 깨끗한 맥주 한 잔, 크라운 크라운 수퍼 드라이." 광고 모델과 맥주 모두가 여성을 타깃으로 한 것 같습니다.

이 드라이 광고 전쟁의 승패는 어땠을까요? 아무리 광고에서 치열하게 다투어도 그동안 쌓아 놓은 오비맥주의 아성을 조선맥주는

---

* 노주현의 크라운 수퍼 드라이 광고

넘지 못했습니다. 오비맥주가 쌓은 성을 무너뜨린 것은 90년대 중반 일어난 엉뚱한 사건입니다.

90년대, 낙동강 페놀 사건으로 유탄을 맞은 오비맥주의 분전

전시관에서는 90년대 잠깐 판매되었던 오비맥주의 신제품 오비 아이스(OB ICE)와 넥스(NeX)도 볼 수 있습니다. 오비 아이스와 넥스는 하이트맥주에 1등을 뺏긴 오비맥주의 반격이었습니다. 5~60년대까지의 맥주 점유율에 대한 기록은 거의 찾을 수가 없지만, 1950년대까지만 해도 조선맥주의 점유율이 더 높았다고들 합니다. 하지만 1970년대가 되면서 한국 맥주는 줄곧 오비맥주가 조선맥주를 7:3 정도 비율로 앞서고 있는 형국이었습니다. 맥주를 모르는 어린이도 어른들의 맥주 심부름에 으레 오비 맥주를 사 가야 했고, 어디서 오비 맥주보다 크라운 맥주가 더 좋다고 말하기 힘든 시대였습니다. 이러한 관계가 역전된 것은 엉뚱하게도 맥주가 아닌 다른 사건 때문입니다. 바로 두산전자가 낙동강에 페놀을 유출한 사건입니다.

일명 '낙동강 페놀 유출 사건'은 1991년 3월에 경상북도 구미시의 낙동강에 두산전자가 30톤의 페놀 원액을 방류하여 상수원을 오염시킨 사건을 말합니다. 영화 『삼진전자 영어토익반』이 이 사건을 모티브로 하고 있습니다. 두산그룹을 창업 이후 최대의 위기에 빠뜨렸던 이 사건에 국회도 진상조사위원회를 열었습니다. 각 시민 단체는 수돗물 오염 대책 위원회를 결성했으며, 국민들은 두산 제품을 불매하기 시작했습니다. 두산전자는 조업 정지를 당했으나 페놀 사고가 단순 과실로 고의성이 없었다는 이유로 조업을 재개할 수 있었습니다. 하지만 같은 해 4월 또다시 페놀을 유출하는 2차 사고가 발생하여 국민들의 분노가 최고조에 다다랐습니다. 결국 이 사건으로 두산그룹 회장이 경영 일선에서 물러나고 환경부 장관과 차관이 경질되었습니다. 그리고 엉뚱하게도 같은 그룹의 계열사였던 오비맥주로 불똥이 튀었습니다. 오비맥주로서는 억울한 일이겠지만, 페놀로 더럽혀진 물이 묘하게 맥주를 만드는 물과 연관되어 보여 오비맥주 불매로 이어진 것입니다. 이 불매로 반사이익을 얻은 것은 당연히 조선맥주였습니다. 조선맥주는 그 시기 열처리를 하지 않고 마이크로필터로 효모를 걸러낸 맥주인 하이트 맥주를 출시하였는데, 페놀 사건이 터지자 재빠르게 '지하 150m 천연암반수로 만든 맥주'라고 광고를 공격적으로 내보내기 시작했습니다. 이에 더해 당시 하이트 맥주병에는 맥주를 가장 맛있게 마실 수 있는 온도를 표시하는 온도계가 있었는데, 사람들은 이 온도계의 색깔이 파란색으로 변하면 더 시원하고 깨끗한 맥주를 마신다고 생각했습니다. 조선맥주는 결국 하이트 맥주의 인기에 힘입어 1996년도에 업계 1위를 탈환합니다. 그리고 사명도 조선맥주에서 하이트맥주로 변경합니다.

그런데, 이렇게 하이트맥주가 승승장구할 때, 오비맥주가 돌파구를 찾기 위해 내세운 맥주가 있었으니 바로 오비 아이스입니다. 오비 아이스는 당시 북미에서 유행하던 맥주 숙성 기술인 아이스 공법을 적용한 맥주라고 대대적으로 홍보하였고, 당시 월드 스타였던 강수연을 배우로 기용하여 초대형 광고까지 제작하였습니다. 3분짜리의 이 광고는 당시로서는 매우 파격적인 길이에, 해외 로케이션이라는 스케일로 맥주 광고 역사에 한 획을 그을 만했습니다. 알프스를 배경으로 아이스 공법을 찾기 위해 스파이가 된 강수연이 유유히 스키를 타고 내려오는 장면은 차가운 맥주와 오버랩되어 몸이 오싹할 정도의 시원함을 선사합니다. 하지만 엄청난 비용을 투자하고도 오비 아이스는 맥주 팬들에게 외면당했습니다. 이미 추락한 회사의 이미지를 회복하기 힘들었고, 맥주 또한 아이스 공법만 강조했을 뿐 기존 상품과의 차이점을 느낄 수 없었기 때문입니다. 오비 아이스의 실패를 빠르게 인지한 오비맥주는 또 한 번 새로운 맥주를 출시합니다. 90년대 X세대를 겨냥한 맥주 넥스(NeX)의 출시입니다. 이름에서부터 New와 X가 연상됩니다. 오비맥주의 기존 이미지가 회식 자리에 어울리는 맥주, 어른들이 좋아하는 맥주라는, 조금은 옛 느낌이 있었는데, 넥스는 젊은 세대를 새로운 맥주층으로 끌어들이겠다는 전략을 쓴 것입니다. 하지만 이마저도 성공하지 못했습니다. 당시 젊음의 상징 정우성까지 광고 모델로 사용하면서 젊은 세대에게 어필했지만, 그 밖에는 내세울 만한 게 별로

국세청 주류면허지원센터 주류전시관 입구

없었습니다. 기존과 같이 맥주의 목 넘김, 깨끗함, 갈증 해소를 강조
한 광고 또한 식상했습니다.

후일담이지만, 오비맥주가 다시 1위를 탈환한 것은 2012년입니
다. 오비 아이스와 넥스 두 신제품 맥주의 실패를 맛본 오비맥주는
IMF를 겪으면서 벨기에 맥주 회사 인터브루에 매각되었고, 1999
년에는 국내 맥주 3위 기업인 카스를 품어 점유율을 크게 끌어올릴
수 있었습니다.

전시관은 모두 둘러보는 데 1시간도 걸리지 않을 정도로 작은
규모입니다. 하지만 한국의 술, 한국의 맥주만을 이렇게 따로 모아

놓으니 그런대로 유익한 전시입니다. 서귀포의 전시관은 현재는 사람의 발길이 거의 끊긴 것으로 보이지만, 제주를 찾는 관광객이 한 번쯤 들러 봐도 좋을 박물관으로 거듭났으면 하는 바람입니다.

일본 논란이 일면
일본 맥주는 왜 불편할까?

　지난 글 '외세의 침략으로 시작된 한국 맥주의 비긴즈'에서 한국 맥주는 외세의 침략으로 들어와, 한국 땅에 지은 일본 맥주 회사가 시작이었다고 말씀드렸습니다. 지금도 일본 맥주는 여전히 인기가 좋지만, 국제 정세가 불안하면 매번 논란이 많은 맥주로 둔갑하고, 가장 먼저 불매 운동의 대상이 됩니다. 그런데 도대체 이렇게 논란이 많은 맥주에 대해서 우리는 얼마나 알고 마시는 걸까요? 한국 맥주에 큰 영향을 준 일본의 맥주는 어떻게 시작되었으며, 일본 대기업 맥주의 비긴즈는 어땠을까요? 즐겨 마시면서도 무엇인지 모르게 복잡한 감정이 들었던 일본 맥주, 그 이유가 있기는 한 걸까요?

한국에서는 1871년 신미양요 당시 맥주를 들고 있는 조선인 사진이 최초의 맥주 기록입니다. 하지만 사진 속의 조선인이 실제 맥주를 마셨는지는 알 수 없습니다. 마찬가지로 일본도 외국 선박이 내항하기 시작한 에도시대 1613년, 나가사키에 입항한 영국 선박의 수하물 리스트에 맥주가 적혀 있긴 하지만, 이때부터 일본이 맥주를 마셨는지는 알 수 없습니다. '일본인이 마셨다'는 기록은 100여 년 후인 1724년입니다. 당시 네덜란드 통역이었던 관리가 나가사키에 정박한 네덜란드인과 식사를 하면서 맥주를 마셨다는 내용입니다. 19세기가 되면 일본인이 직접 양조를 해보기도 합니다. 에도 막부 말기 네덜란드와의 교류를 통해 서양의 문물이 들어오고, 서양의 문물을 배우자는 난학이 확립되는데, 이 난학과 관련하여 저술된 책에 맥주에 대한 설명이 들어 있습니다. 1853년, 카와모토 코우민(かわもと こうみん)이라는 일본인은 최초로 맥주를 양조해 봤다고 합니다. 그가 참고한 《화학신서》라는 책에는 상면 발효와 하면 발효에서 발효 온도나 투입 시간, 저장 기간 등이 구체적으로 적혀 있었다고 하는데, 심지어 당시 확립되지 않았던 하면 발효 양조법도 기록되어 있었다고 하니 놀랍습니다.

한국은 1876년 일본과 맺은 강화도 조약으로 조선의 항구를 개항하고 일본의 문물을 받아들이는 과정에서 맥주가 들어오기 시작했습니다. 반면 일본은 1853년 미국의 '흑선'이 내항하면서 큰 전환기를 맞습니다. 이듬해 미일 화친 조약이 체결되는데, 에도 막부가 개국을 받아들인 것입니다. 이때 축하연에서 '흙빛을 띠고 거품이 많이 나는 술'을 일본에 헌상했다고 하는데, 맥주일 것으로 보입니다. 이렇게 한번 서양에 항을 내주기 시작하니, 영국, 프랑스, 네덜란드, 러시아 등과도 수호 조약이 잇따르고, 요코하마를 중심으로 나가사키, 하코다테, 고베, 니가타 등 여러 항이 개항됩니다. 특히 요코하마에는 외국인 거류지가 생기면서 그들을 위해 생필품과 식료품이 수입되기 시작하는데, 서양인이 일상적으로 마시던 맥주도 활발히 수입됩니다. 이렇게 맥주 수요는 꾸준히 늘어났습니다. 참고로 당시 가장 인기가 있었던 수입 맥주는 빨간 삼각형 라벨을 가진 영국 배스사의 페일 에일이었다고 합니다.

하지만 수입된 맥주는 가격도 비싸고, 장기간의 운송으로 품질에도 문제가 있었습니다. 그래서 요코하마에 거류하고 있던 몇몇 외국인이 스스로 맥주를 양조하기 시작합니다. 이것이 일본 맥주 양조 역사의 시작입니다. 그중 처음으로 상업적으로 성공한 사례가 스프링밸리 브루어리입니다. 스프링밸리에 앞서 1869년 독일 출신 양조자 비간트(Wiegand)가 요코하마에 세운 재팬 요코하마 브루어리도 있었습니다. 스프링밸리는 1년 후인 1870년에 노르웨이 출신의 미국인 윌리엄 코플랜드(William Copeland)가 역시 요코하마에 세웁니다. 이 두 양조장은 같은 도시에서 필연적으로 판매 경쟁을 할 수밖에 없었습니다. 결국 이 둘은 양조장을 합병하기로 하고 각각의 이름을 따서 코플랜드 앤 비간토 상회를 만듭니다. 하지만 공

기린맥주가 일본 최초의 상업 맥주 양조장을 기념하여 만든 크래프트 브루어리, 스프링밸리
브루어리

동 경영의 문제로 이 체제는 오래가지는 못하고 결국 스프링밸리가
남은 지분을 모두 사들여 단독으로 남게 됩니다. 훗날 이 양조장의
자산을 이어받아 탄생한 것이 기린맥주입니다. 기린은 훗날 스프링
밸리 브루어리를 기념하여 크래프트 브루어리를 만듭니다.

삿포로 맥주

메이지 시기 일본은 빠르게 근대 국가로 성장하기 위해 유럽에
이와쿠라 사절단을 파견하여 서양의 제도와 문화를 서둘러 도입하
기 시작합니다. 이 사절단이 방문한 곳 중 하나에 영국 중부의 도시

1910년대 삿포로 라거 광고

버튼에 위치한 올숍(Allshop) 브루어리도 있었습니다. 그들은 맥주 제조 과정을 자세하게 관찰하고 돌아와 사절단 보고서의 하나로 맥주 공장 견학기를 남깁니다. 메이지 정부는 관영 맥주 양조장 설립에 착수해 1876년 홋카이도에 개척사 맥주 양주소를 설립합니다. 이것이 바로 일본인이 최초로 세운 맥주 양조장으로 훗날 민간인이 인수하여 삿포로맥주(이하 삿포로)가 됩니다. 당시의 홋카이도는 개발이 전혀 되어 있지 않은 황무지였습니다. 메이지 정부는 러시아의 남하 정책을 견제하기 위해 홋카이도 개척사를 설치하고, 일본인을 강제로 혹은 자발적으로 이주시키며, 아이누 민족이 대대로 살던 땅을 빼앗았습니다. 홋카이도는 아이누 원주민이 부르던 이름입니다. 메이지 정부는 이곳에 신사업 육성을 위해 30종 이상의 관영 공장을 설치했는데 그중 하나가 맥주 양조장이었습니다. 홋카이도는 맥주를 만들기에 유리한 조건이 많았습니다. 맥아 보리를 자생적으로 재배하여 맥주 재료를 자급자족할 수 있었고, 맥주를 저온에서 발효시키기 위한 얼음이 풍부했으며, 전체적인 기후와 풍토가 유럽의 맥주 벨트(아일랜드, 영국, 독일, 벨기에 등 유럽의 맥주 생산 국가가 위치한 지역)와 비슷했습니다.

1877년 삿포로는 독일식 맥주를 생산하여 이름을 '삿포로 라거'라고 했는데, 이것이 바로 일본인이 만든 최초의 맥주입니다. 이 맥주의 라벨에 홋카이도의 북진 깃발에 있는 붉은 별을 넣었습니다. 당시 사람들은 이 맥주를 가르켜 '아카'라는 애칭으로 불렀다고 합니다. 삿포로 맥주에는 여전히 별이 그려져 있습니다. 삿포로의 별은 일본인에게 불모지 홋카이도를 개척한 당당한 역사의 상징일지 모르겠지만, 그 이면에는 아이누의 토지를 약탈하고 그들의 전통을 금지하는 등 민족 말살을 위해 동화 정책을 펼쳤던 핍박의 역사도 포함되어 있습니다. 어쩌면 한반도를 강탈한 일제 강점의 역사와도 닮았습니다.

기린맥주

 홋카이도에 첫 상업 양조장이 생긴 이후 일본 본토에는 두 개의 대기업 맥주 회사가 생겨납니다. 아시히맥주가 오사카를 중심으로 한 관서 지방의 맥주 회사로 생겨났다면, 기린맥주는 요코하마를 중심으로 한 관동 지방의 맥주 회사로 생겨납니다. 기린맥주를 만든 사람은 미쓰비시 기업의 2대 총수 이와사키입니다. 이와사키는 미쓰비시의 자본력을 가지고 스프링밸리 브루어리를 인수하여 기린맥주의 전신인 재팬 브루어리를 설립합니다. 재팬 브루어리는 스프링밸리 브루어리 직원의 대부분을 인수하고, 기존의 양조 설비를 매각한 후 독일의 최신 설비를 도입합니다. 그렇게 탄생한 맥주가

전설 속의 동물 기린을 형상화한 기린 맥주 옥외 간판

1888년에 발매된 기린 맥주입니다. 재팬 브루어리는 메이지 상점과 총판 계약을 맺고 기린 맥주를 개당 18전에 판매했고, 기린 맥주는 미쓰비시의 자본력을 등에 업고 전국구 맥주로 빠르게 발돋움하여 전후 일본에서 가장 많이 팔리는 맥주가 됩니다. (이 타이틀은 훗날 아시히맥주가 가져갑니다.) 1907년에 미쓰비시 기업과 메이지 상점의 공동 출자로 완전한 일본 국적의 새로운 회사 기린맥주(이하 기린)로 재탄생하여 오늘날에 이르고 있습니다. 기린은 재팬 브루어리에서 조직과 사업을 그대로 인수하였습니다.

그런데, 기린맥주의 기린을 어떻게 알고 있나요? 이 기린은 동물원에서 흔히 볼 수 있는 그 기린이 아닙니다. 용의 얼굴과 사슴의 뿔, 말의 몸을 가진 동양의 상상의 동물입니다. 중국에서는 공자 어머니가 기린 꿈을 꾸셨다고도 하고, 한국에서는 주몽이 기린을 타고 승천했다고도 합니다. 기린맥주라는 이름은 미쓰비시 경영자의 제안으로 만들어졌습니다. 에도 막부 후기에 일본에서 활약한 미쓰비시의 고문 변호사인 토마스가 친구인 사카모토 료마(일본에서 매우 인기가 있는 인물로 메이시 유신을 이끈 사무라이이자 철학자)의 이름에서 따왔다고 합니다. 료마는 우리말로 용마(龍馬)인데 용의 머리와 말의 몸을 가진 기린과 서로 통한다고 하네요.

기린에서 우리가 주목해야 할 점은 미쓰비시라는 기업입니다. 미쓰비시는 전쟁 범죄에 적극 가담한 전범 기업 중 하나입니다. 전범 기업은 전쟁 당시 적극적으로 무기를 개발하고 식민지의 국민을 강제 징용하는 등의 행위로 막대한 부를 쌓은 기업을 말합니다. 이 중 미쓰비시는 리더급에 해당합니다. 미쓰비시는 전쟁 중 전투기나 배, 탱크 등 국가가 필요한 전쟁 물자를 만들면서 크게 성장해 왔는데 지금도 자위대용 무기를 개발하고 있습니다. 미쓰비시가 조선인을 강제 동원한 장소 중 가장 유명한 곳이 바로 군함도입니다. 당시 행위에 대한 사죄와 배상을 촉구하는 오래되고 지리멸렬한 싸움은 2018년 한국 대법원이 '일제 시대 강제 징용에 관해 배상하라'는 판결로 막을 내린 듯했습니다. 하지만 이 판결이 끝이 아니라 시작이 될지 몰랐습니다. 미쓰비시는 아직도 책임 있는 행동을 거부하고 있고, 한국은 제삼자 변제 방안을 내놓았습니다. 끝이 보이지 않는 싸움이 계속되고 있습니다.

아사히맥주

서일본에서도 맥주의 수요가 증가하면서 1889년 오사카에 관서 지방의 대표 맥주로 오사카맥주(이하 오사카)가 설립됩니다. 오사카는 1892년 아사히 맥주를 발매하여 큰 인기를 얻습니다. 지금도 아사히 맥주는 일본에서 가장 많이 팔리는 맥주입니다. 하지만 80년대 초반 아사히 맥주는 일본에서 점유율이 10%도 안 되어 산토리에 매각당할 위기에 처한 적도 있습니다.

1906년 일본의 맥주 산업계에서 큰 사건이 발생합니다. 오사카와 에비스, 삿포로를 합병하여 하나의 큰 맥주 회사를 만든 사건입니다. 회사의 이름은 '대일본맥주', 합병을 주도한 인물은 '일본 맥주의 왕', 마코시 쿄헤이(まこし きょうへい)라는 인물입니다. 쿄헤이는 이벤트와 광고 및 입소문에 의한 홍보 등 프로모션을 포함한 판매 전략의 귀재라 불리던 인물이었습니다. 쿄헤이는 일본 내각에 '국내의 과다 경쟁을 배제하고 수출을 촉진하며, 자본의 집중을 도모하기 위해 합병이 필요하다'라고 역설해 합병을 이끌어냈습니다. 세 개 회사를 합쳐서 시장 점유율 70% 정도를 만들고 2차 세계 대전 직후까지 독과점 형태를 이어갔습니다.

2차 세계 대전 중에 일본은 전쟁 물자와 식량 확보에 어려움을 겪으면서 맥주 원료의 수입마저 힘들어집니다. 이때부터는 맥주 브랜드의 사용도 폐지하고 그저 '맥주'라는 하나의 브랜드만을 사용했습니다. 아사히 맥주 브랜드도 이때 중단됩니다. 전쟁이 끝나고 독과점 방지법에 의해 대일본맥주는 해체되어 (세 개가 아닌) 두 개의 회사로 분리됩니다. 삿포로와 에비스는 여전히 합쳐진 상태로 동일본을 대표하는 삿포로가 되었고, 오사카는 아사히가 되어서 서일본을 대표하게 됩니다. 분할된 시점에서 맥주 시장의 점유율은 삿포로가 39%, 아사히가 36%, 기린이 25%였습니다.

일본에서 맥주는 한동안 기린, 아사히, 삿포로 3강 체제를 유지했습니다. 이 세 개의 맥주 회사는 공교롭게도 1953년에 거의 동일한 점유율 33%를 차지합니다. 같은 점유율에서 시작한 이때부터가 진정한 경쟁의 시작이 아니었을까 싶습니다. 결과적으로 기린은 1970년대와 1980년대 초반까지 점유율 60% 이상의 고공 행진을 이어가다가 아사히가 '아사히 슈퍼 드라이'를 발매한 이후 2000년대에는 줄곧 1위 자리를 아사히에 내어 줍니다. 아사히는 한때 삿포로에 추월당하고 맥주 신생기업인 산토리에도 뒤처질 위기에 처했으나 1987년에 발매한 아사히 슈퍼 드라이의 히트로 현재 근소하게 기린을 앞서고 있습니다. 삿포로는 서서히 점유율이 감소하다가 이제는 산토리에 따라잡혔습니다.

그런데, 50여 년간 바닥에서 허우적거리던 아사히가 기린을 제치고 업계 1위가 된 이야기는 한번 곱씹어 볼 만합니다. 아사히는 5~60년대 시장의 변화를 읽지 못했습니다. 1950년대까지만 해도 식당이나 레스토랑 등의 업소용 맥주가 주류였습니다. 하지만 1960년대 가정용 냉장고가 보급되면서 맥주는 더 이상 업소에서 마시는 고급 음료가 아니라 집에서도 마실 수 있는 대중적인 음료가 되었습니다. 하지만 아사히는 여전히 업소용 시장에서 선두 기업 기린과의 경쟁에만 몰두했습니다. 이미 맥주 제조 기술에서는 경쟁자를 앞서고 있었습니다. 독일식 맥주 공법, 옥외 발효 저주 탱크, 알루미늄 캔, 미니 통 맥주 등은 모두 아사히에서 먼저 개발한 것입니다. 그러나 기술자 중심의 제조 부분은 중시했지만, 관리, 영업 조직을 소홀히 한 탓에 아사히는 점점 몰락의 페달을 밟아 가고 있었고, 사내에는 패배주의와 위기감이 팽배해 있었습니다. 이를 바꾸기 위한 노력은 외부 컨설팅과 자체 진단, 그리고 새로 취임한 하구치 사장의 리더십과 소비자 연구였습니다. 후지사와 마야코가 지은 《사장님! 아무도 우리 제품을 받아주지 않습니다》(이규조 역, 모색)라는 책에 이 비화가 소개되어 있습니다.

아사히는 이전에 가지고 있던 모든 것(모든 맥주 맛)을 버리기로 하고, 오로지 고객의 목소리만 들어 보기로 했습니다. 도쿄와 오사카에서 두 차례의 미각 선호도 조사를 해보니 그 결과는 놀라웠습니다. 일본의 대다수 맥주 애호가가 풍미가 강하고 쌉쌀한 맛의 맥주를 원하는 것이 아니라 어떤 음식에도 잘 어울릴 수 있는 '가라구찌(からくち, 辛口)'가 있는 맛을 원한다는 것이었습니다. 가라구찌란 원래 음식의 매운맛을 뜻하는 단어지만, 술에서는 드라이하고 단맛이 적은 것을 말합니다. 그 결과로 만들어진 맥주가 밍밍하기는 하나 음식과 잘 어울리는 아사히 슈퍼 드라이입니다. 이 맥주는 한때 폐사 위기까지 갔던 회사를 살렸고, 아사히는 이 맥주 덕분에 일본 시장에서 정상을 유지하고 있습니다. 다른 경쟁사 회사들이 발포주를 생산하며 맥주로는 부족한 매출을 충당하고 있을 때도, 아사히는 "아사히는 드라이 맥주만으로 승부합니다. 발포주는 발매하지 않습니다."라고 선언하기도 했습니다. 물론 지금은 발포주를 만들고 있습니다.

한편, 아사히는 일본의 대표적인 극우 성향의 기업입니다. 아사히가 극우 기업으로 활동했던 사건 중 하나가 1차 세계 대전 중에 칭다오 맥주를 차지한 것입니다. 1차 세계 대전 당시 일본은 연합국 편에 서서 참전합니다. 칭다오를 두고는 독일과 공방전을 벌이기도 했습니다. 공방전은 연합국의 승리로 끝났고 칭다오는 일본군이 지배하게 되었습니다. 또한 칭다오 맥주는 아사히의 전신에 해당하는 대일본맥주에 매각됩니다. 이 소유권은 2차 세계 대전이 끝나고 국민당 정부의 감독을 받은 중국의 것이 되었다가, 1949년 이후부터는 공산주의 정부의 국유 기업이 됩니다. 2009년 사정이 나아진 아사히는 AB InBev가 가지고 있던 칭다오 맥주의 지분 19.9%를 사들이고, 2017년 이를 다시 매각하여 막대한 이익을 챙깁니다.

산토리 맥주

산토리 맥주(이하 산토리)는 원래 1899년에 설립된 위스키 생산업체 산토리가 모기업입니다. '신지로 토리이'가 자신의 이름을 따서 만든 산토리는 1963년에 맥주 산업에 진출하여 산토리 맥주를 발매합니다. 사실 산토리가 맥주 산업에 진출한 건 이때가 처음은 아닙니다. 1928년에 이미 가나가와현에 있는 일본과 영국의 합작 회사 캐스케이드를 인수해 '신 캐스케이드'라는 맥주를 생산한 적

산토리는 맥아 100%의 몰츠 비어를 업그레이드하여 더 프리미엄 몰츠를 만들었습니다

이 있습니다. 저가 경쟁을 펼쳤지만 기존 대기업 맥주 회사의 압박과 견제로 맥주 사업에서 철수할 수밖에 없었습니다. 이때가 1934년입니다. 하지만 산토리는 맥주의 꿈을 접지 않았습니다. 절치부심하여 열처리하지 않고 효모를 제거한 생맥주를 발매하기에 이릅니다. 이것은 아사히의 열처리를 하지 않고 효모가 살아 있는 맥주와 생맥주 논쟁을 불러일으키기도 합니다. 산토리는 아사히와 기린이 드라이 맥주 전쟁으로 한창일 때 맥아 100%의 맥주를 주력으로 삼습니다. 2003년에 발매한 '더 프리미엄 몰츠'는 1980년에 발매한 '몰츠'를 업그레이드한 맥주입니다. 이것은 크게 히트했고 현재 산토리의 시그니처 맥주가 되었습니다. 산토리는 1994년에 'HOP'S

生'이라는 발포주를 만들어 일본 내에서 발포주 시장을 재점화시키기도 했습니다. 산토리는 아무래도 맥주 후발 주자이다 보니 혁신적인 제품과 다른 맥주와의 차별화에 신경을 쓸 수밖에 없었습니다. 산토리는 1990년대 중반부터 점유율이 꾸준히 올라 2000년대 후반부터는 삿포로를 제치고 일본 내 점유율 3위에 오르게 됩니다.

일본의 4대 맥주의 역사를 살펴보니, 하나는 남의 땅을 뺏은 역사, 하나는 전범 기업의 역사, 하나는 극우 기업의 역사가 보입니다. 물론 문화와 예술은 정치 및 역사와는 서로 다른 것이며, 맥주와 같은 식문화도 동일한 잣대로 재단할 수는 없을 것입니다. 하지만 책임을 져야 하는 상황에서 책임을 지지 않는 기업이 있는 한 일본 맥주에 대한 논란은 끝나지 않을 것 같습니다.

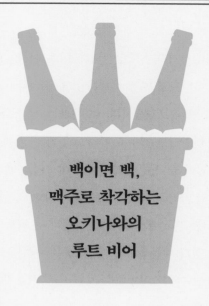

백이면 백,
맥주로 착각하는
오키나와의
루트 비어

　이제껏 맥주로 무거운 주제가 많았으니, 한껏 가벼운 맥주 이야기를 해보겠습니다. 오래전 오키나와로 가족 여행을 갔을 때 음식 이름 때문에 작은 해프닝이 있었습니다. 처제는 평소 아귀찜을 좋아하는 어머니를 위해 '아구 요리'를 통 크게 쏘겠다고 했습니다. 오키나와 사람들도 아귀를 먹는지 좀 의아했는데, 나중에 알게 된 사실이지만 오키나와에서 아구(あぐ)는 생선이 아니라 돼지고기 품종을 말하는 것이었습니다. 오키나와의 아구는 제주도의 흑돼지와 굉장히 비슷하고, 구이뿐만 아니라 샤브샤브로도 먹을 정도로 소고기처럼 좋은 육질을 가지고 있습니다. 이런 해프닝 덕분에 우리 가족은 오키나와에서 아귀 찜이 아닌 아구 구이를 찾게 되었고 여전

히 회자하는 이야깃거리가 되었습니다. 아차차차! 오늘의 이야기는 돼지 이야기가 아니므로 다시 화제를 돌려 오키나와의 햄버거와 루트 비어에 대해 말해 보겠습니다. 이 루트 비어가 오키나와의 야구처럼 맥주가 아니면서도 맥주로 착각하기 딱 쉬운 음료라서요.

2차 세계 대전이 끝나고 1972년까지 미국의 지배를 받았던 오키나와는 일본에서 가장 미국적인 모습을 가진 지역입니다. 오키나와에 주둔한 수많은 미군과 가족들이 그들의 문화를 들여와 오키나와에 널리 퍼트렸기 때문입니다. 그 특징은 특히 음식 문화에서 도드라지는데, 오키나와를 여행하다 보면 수많은 스테이크와 타코스(멕시코 음식 타코에 밥을 섞은 음식), 그리고 햄버거와 아이스크림 가게를 만날 수 있습니다. 이 중 A&W라는 햄버거 패스트푸드 프렌차이즈는 놀랍습니다. 미국에서 시작한 이 햄버거 프렌차이즈는 이제 본국에서는 거의 찾아볼 수가 없지만 오키나와에만 26개의 지점을 가지고 있습니다. (참고로 오키나와에는 KFC가 11개, 맥도날드가 36개 있습니다.) 오키나와에 A&W가 처음 문을 연 때는 1963년입니다. 일본 본토에서는 KFC가 버거 프렌차이즈 사상 처음으로 1970년 나고야에 문을 열었고, 맥도날드가 그 이듬해 긴자에 문을 열었으니 A&W는 일본 본토보다 7년이나 앞서 일본에 상륙한 버거 프렌차이즈라 할 수 있습니다. 참고로 오키나와에서 맥도날드는 1976년 오키나와 중부의 도시 우라소에(마키미나토점)에 문을 열었습니다.

저는 오키나와 여행을 하면서 작정하고 A&W를 방문해 보기로

계획을 세웠습니다. 이전 여행에서 비교적 접근성이 좋은 아메리칸 빌리지점과 나고점을 방문한 적이 있었기 때문에, 이번 여행에서는 이왕이면 A&W의 역사를 훑어볼 수 있는 1호점과 2호점을 찾아가 보기로 했습니다. A&W 1호점은 오키나와현(縣) 중부의 도시 오키나와시(市)에 있는 야기바루점입니다. 오키나와에서 가장 번화하다는 아메리칸 빌리지나 나하를 제쳐두고 이런 곳에 1호점이 있다니 처음엔 선뜻 이해가 가지 않았습니다. 하지만 이곳은 과거에 미공군기지가 있고, 미군이 기지를 나와 유흥을 즐기는 지역이었기 때문에 1호점의 입지로는 안성맞춤이었습니다. 미군이 코자(コザ)라고 불렀던 이곳은 아메리칸 빌리지가 생기기 전까지는 오키나와에서 가장 번화한 곳이었습니다. 하지만 가까운 곳에 오키나와에서 가장 큰 레저 및 쇼핑 단지가 생기고, 가데나 공군기지의 규모는 점점 축소되면서 코자의 활기는 점점 사라지게 되었습니다. 결국 규모가 작아진 코자는 옆 동네인 미사토와 합쳐져 오키나와시가 되었습니다. 1963년에 생긴 A&W 야기바루점은 세월의 풍파를 그대로 맞으며 여전히 이 도시에 덩그러니 남아 있습니다.

야기바루점을 방문한 시간은 오전 9시입니다. A&W는 대부분 비교적 아침 일찍 문을 열고 밤늦게 문을 닫습니다. 보통 7시에서 9시 사이에 문을 열고 자정쯤에 문을 닫는데, 24시간으로 영업하는 지점도 3곳이나 있습니다. 야기바루점은 코자 중심가에서 330번 국도를 타고 3km쯤을 달리다 보면 도로 옆에 '덩그러니' 있습니

A&W 1호점 야기바루점의 간판

A&W 야기바루점의 드라이브 인

다. 방문한 시간이 아침이라 그런지 더더욱 그런 기분이 듭니다. 도로보다 조금 높은 언덕에 우뚝 솟은 텅 빈 곳에 외롭고 쓸쓸하게 말 그대로 '휑뎅그렁하게' 있습니다. 입구로 오르는 곳에 주황색 녹슨 간판만이 '미국에서 태어난 A&W 야기바루점은 오키나와 1호점' 이라며 고객을 반기고 있습니다. 문장마저 쓸쓸한 느낌을 지울 수가 없습니다. '야기바루점은 미국에서 태어난 A&W의 오키나와 1호점입니다'라고 쓰며 좀 더 자연스러울 것 같지만, 협소한 간판에 문장을 구겨 넣어야 했으니 의미를 전달했으면 역할은 다한 것 같습니다.

입구의 길을 따라 올라가 봅니다. 눈에 띄는 것은 흰색 지붕과 주황색 기둥이 있는 드라이브 인입니다. 드라이브 인은 건물과 조금 떨어진 주차장에 있고, 메뉴판과 마이크가 설치되어 있습니다. 전선이 삐져나와 있고 군데군데 녹슨 부분이 많아 세월의 흔적을 느낄 수가 있습니다. 한국에서 흔한 드라이브 스루와 비교해 보면 자동차에 승차한 채로 주문하는 방식은 비슷하지만 약간의 차이가 있습니다. 드라이브 스루는 한 방향으로 들어선 후 차례를 기다려 마이크로폰으로 주문하고 건물의 창문 너머로 점원이 내어 주는 상품을 받지만, 드라이브 인은 우선 주차장에 주차하고 마이크로폰으로 주문하면 점원이 직접 나와 상품을 건네주는 방식입니다. 야기바루점은 처음부터 드라이브 인을 계획하고 만들었습니다. 당시 미군 가데나 기지 내에는 패스트푸드점이 없었습니다. 오키나와에 있는 미군들은 이미 마이카 붐으로 자동차를 소유하고 있었고 주말이 되면 자동차로 접근하기 쉬운 곳으로 가 외식을 즐겼습니다. 도시의 중심이 아니면서 큰 도로를 끼고 드라이브 인 레스토랑을 시작한 야기바루점이 것이 나름 성공한 이유입니다. 참고로 일본 본토에서 처음으로 드라이브 스루를 도입한 가게는 맥도날드로 1977년입니다. 건물 한쪽에서 마이크로폰을 통해 주문하고 창문 너어 상품을 받는 지금의 맥도날드 드라이브 스루 방식과 똑같은 방식이었습니다. 아무튼 이러한 자동차 주문 방식 또한 일본에서 오키나와가 가장 먼저 시작했습니다.

매장 안으로 들어가 한 바퀴를 둘러본 후 햄버거를 주문해 봤습니다. 곳곳에서 세월의 흔적이 느껴집니다. 전체적으로 5~60년대 배경의 미국 영화에 나올 법한 분위기와 곳곳에 일본어로 된 안내판이 있는 풍경이 합쳐져 묘하게 코스모폴리탄적인 느낌을 내고 있습니다. 이 두 문화가 섞인 분위기는 매장 직원에게 상품을 주문할 때도 묘하게 감지됩니다. 이곳은 영어와 일본어가 모두 통하는 곳입니다. 저는 되도록 일본어를 쓰려고 노력했지만, 대화가 제대로 통하지 않을 때는 영어를 쓸 수밖에 없었습니다. 시그니처 메뉴인 A&W 버거를 주문했습니다. 단품이 7백 90엔이고, 감자튀김과 루트 비어가 들어간 세트가 1천 2백 30엔입니다. 가장 비싼 버거를 골라도 맥도날드와 비슷한 가격대입니다. 버거의 내용물은 실합니다. 깨가 잔뜩 뿌려진 빵 사이로 쇠고기 패티와 베이컨, 상추와 토마토가 있고, 두터운 모차렐라 치즈가 감칠맛을 더합니다. 저는 오키나와에 올 때마다 A&W의 이곳저곳 지점을 방문하며 이 시그니처 버거를 먹어 봤지만 한 번도 맛에 대해 실망해 본 적은 없습니다.

A&W 2호점인 마키미나토점의 방문은 나하에서 아메리칸 빌리지로 이동할 때를 노렸습니다. 오키나와의 국도 58번 도로는 나하에서 시작하여 오키나와의 서해를 따라 오키나와 중부를 거쳐 북부까지 이어진 도로입니다. 마치 우리나라의 동해안을 남북으로 달리는 7번 국도와 비슷합니다. 이 도로를 타고 나하를 조금 벗어나면 우라소에시에 닿습니다. 우라소에의 마키미나토강의 주변에는 한때 미군들과 그의 가족들이 살았던 외인 주택가가 있습니다. 현재 외인주택가는 빵집이나 옷 가게 등으로 재탄생하여 레트로한 감성을 즐기는 유명한 관광지가 되었습니다. 이곳에는 A&W 2호점뿐만 아니라 1963년에 처음 문을 연 오키나와의 아이스크림 프렌차이즈인 블루씰 1호점, 1976년에 문을 연 맥도날드 1호점이 반경 500m 내에 몰려 있습니다. A&W 마키미나토점은 1호점보다 더욱 엔다답다는 생각이 들 정도로 미국적인 정서가 가득합니다. (엔다(エンダー)는 이곳 사람들이 A&W를 친근감 있게 줄여 부르는 애칭입니다.)

매장에 들어서기 전 건물 위로 우뚝 서 있는 옥상 간판이 단연 눈에 띕니다. 간판의 가장 높은 곳에는 주황색과 갈색이 원을 그리

A&W 마키미나토 점의 옥상 간판

는 A&W 시그니처 마크가 보입니다. 추측하건대 주황색은 버거를 갈색은 루트 비어를 상징하는 것으로 보입니다. 간판 상단에는 'SINC1969 MAKIMINATO'라는 문구로 이 매장의 약력(?)을 소개하고 있습니다. 그리고 옆에는 매장의 이름보다 더욱 크게 'Root Beer'라고 쓰여 있습니다. 브라운 컬러의 단발머리를 한 매장의 점원이 살짝 미소 짓고 있고(사실 저는 어색한 미소로 보입니다만) 그 앞에는 그녀의 얼굴만큼 큰 루트 비어의 머그잔이 보입니다. 그리고 그 뒤편에는 블론드 컬러의 단발머리를 한 점원이 드라이브 인 손님에게 루트 비어 두 잔을 서빙하고 있습니다. 간판에서 암시하듯이 루트 비어는 A&W의 주력 상품입니다. A&W의 역사를 살펴보면 A&W가 탄생하게 된 배경은 버거가 아니라 루트 비어 때문이었음을 알 수 있습니다. 그럼 도대체 루트 비어는 무엇일까요?

A&W 시그니처 음료인 루트 비어

루트 비어는 A&W의 시그니처 음료입니다. 이름과는 다르게 알코올이 전혀 들어 있지 않고, 맥주가 아닌 음료입니다. 1919년 약국 점원이었던 로이 알렌이라는 청년은 아픈 친구를 위해 자신의 특기를 발휘해 약을 만들어 주었습니다. 여러 약초와 뿌리 식물의 에센스를 조합하여 음료처럼 마실 수 있는 일종의 강장제를 만들어 주었는데 이것이 점차 약보다는 맛있는 음료로 애용되면서 큰 인기를 끌었습니다. 비알코올 음료이지만 맥주라는 이름을 붙인 이유는 당시가 금주법의 시대였기 때문입니다. 1920년부터 1933년까지 미국은 술의 제조나 판매, 운반을 헌법으로 금지했습니다. 금주법의 시대는 대중적인 플라시보의 시기이기도 했습니다. 비록 진짜 맥주를 마시지는 못하지만, 맥주라고 현혹하는 가짜 음료를 마셔도 취할 것 같았기 때문입니다. 금주법 시대에 유행한 가짜 맥주는 루트 비어 말고도 또 있습니다. 진저비어(Ginger Beer)도 그중 하나입니다. 진저비어 또한 미국 금주법 시대의 산물입니다. 진저비어는 원래 1700년대 중반 영국에서 설탕, 생강, 물을 섞어 발효해서 만든 알코올성 생강 맥주였지만 이를 미국에 수출하기 시작하면서 1920년대 금주법에 따라 무알코올 버전으로 만든 것입니다.

햄버거와 루트 비어를 사기 위해 매장 안으로 들어섭니다. 마침 크리스마스 시즌이라 메뉴판 위로 소박한 'MERRY CHRISTMAS' 장식이 보입니다. 벽면에는 오리지널 굿즈를 파는 공간이 있습니다. A&W 마크가 선명한 모자나 티셔츠가 있고, 루티라는 봉제 인형이 귀여운 미소(저는 이 또한 음흉한 미소로 보입니다만)를 짓고 있습니다.

버거와 감자튀김, 어니언링, 그리고 기대하던 루트 비어를 주문합니다. 머그잔으로 건네받은 루트 비어는 A&W 로고에 있는 색과 정확히 일치하는 갈색의 음료입니다. 거품이 조금 남아 있는데 추가 주문을 하면 플로트라고 하는 거품을 음료 위에 올려줍니다. 그 모습이 마치 백미(白米) 차를 휘저어 만든 오키나와 전통 음료 '부쿠부쿠(ブクブクー)' 와 비슷합니다. 하지만 소통의 오류가 있었는지 플로트 없이 나와 아쉬웠습니다. 루트 비어는 콜라와 비슷한 청량음료로 보이지만 그 맛은 개성이 아주 뚜렷합니다. 흡사 우리나라의 유명한 자양강장제가 연상되기도 하고, 모기약(실제 맛본 적은 없지만), 물파스, 감기약, 알 수 없는 향신료 맛이 납니다. 처음에는 이 맛이 신기하기도 하고 여러 약재가 들어갔다니 건강한 음료라는 생각으로 마셨는데, 이제는 뒤늦게 고수 식물의 맛에 길든 것처럼 이 맛에 푹 빠지고 말았습니다.

오키나와에 여행을 간다면 A&W에 들러 조금 특별한 맥주(라고 쓰고 음료라고 읽습니다)를 마셔 보세요. 참고로 루트 비어는 오키나와에서 캔 음료로도 판매하고 있습니다.

5장

그 맥주의 사정

새해 복(Bock)
많이 드세요.

세 명의 수도사가 식탁에 둘러앉아 맥주잔을 부딪치고 있는 이 그림, 맥주 애호가라면 한 번쯤 본 반가운 그림이겠죠? 이 그림은 독일의 화가 에두아르드 폰 그뤼츠너(Eduard von Grützner, 1845~1925)가 그린 〈식사 시간의 세 명의 수도사〉라는 제목의 그림입니다. 에두아르드는 19세기 후반에서 20세기 초반까지 활동하며 주로 수도사가 등장하는 풍속화를 대거 그렸습니다. 그런데 그림 속 수도사들이 들고 있는 건 어떤 맥주일까요? 수도사이고 중세의 맥주라고 하니 트라피스트 에일이나 애비 에일을 떠올릴 수도 있겠지만 제가 보는 관점에서 이 맥주는 복(Bock) 맥주입니다. 왜냐하면 화가가 독일인인데다, 그림에 보이는 맥주가 얼핏 투명해 보여 에

〈식사 시간의 세 명의 수도사〉 1885, 에두아르드 폰 그뤼츠너

일이 아니라 라거가 연상되기 때문입니다. 복(Bock) 맥주는 저온에
서 하면 발효 효모를 사용해 양조한, 알코올 도수가 높고 강한 라거
입니다. 일반적인 라거보다 개성이 강하며 홉이 적당히 역할을 하
고 몰트 특성이 지배적인 맥주라 할 수 있습니다. 과거 중세의 독일
에서 흔하게 마셨던 맥주로 특히 사순절 기간에 수도사가 즐겨 마
신 '액체 빵'으로 유명합니다.

　복 맥주의 역사는 14세기, 그리고 독일 북부의 도시 아인베크
(Einbeck)로 거슬러 올라갑니다. 아인베크 맥주에 대한 최초의 기록
은 1378년, 판매된 맥주의 영수증 두 통입니다. 아인베크는 현재 인

구 3만의 작은 도시이지만, 한때는 한자 동맹에 가입되어 있을 만큼 크게 융성했던 곳입니다. 중세 시대에 맛있고 알코올 도수가 높은 맥주를 만들어 주변 도시에 수출하면서 크게 명성을 얻었습니다. 주변의 한자 동맹의 도시뿐만 아니라, 플랑드르, 스칸디나비아, 러시아, 영국에까지 수출하였습니다. 아인베크의 맥주를 수입하여 마셨던 독일의 지역이 하나 더 있습니다. 바로 바이에른입니다. 바이에른에서는 아인베크를 아인보크(Einbock)로 발음했는데, 이 아인보크가 줄어 복이 되었습니다.

바이에른은 줄곧 아인베크의 맥주를 수입하여 마셨습니다. 하지만 바이에른 공국의 귀족들은 이 맥주를 자기 지역에서 직접 양조하여 마시고 싶다고 생각했습니다. 그리하여 1612년에 바이에른의 선제후 막시밀리안은 아인베크의 양조사인 엘리아스 피쉴러(Elias Pichler)를 뮌헨의 호프브로이하우스로 초청해 직접 아인베크의 맥주를 양조했습니다. 아인베크 맥주는 원래 향이 강하고 약간 신맛이 도는 에일 맥주였지만 바이에른은 독일 남부의 전통에 따라 하면 발효 효모를 사용하여 라거로 만들었습니다. 이것이 오늘날까지 지속되고 있는 복 맥주의 원형입니다.

뮌헨 지방의 사투리에서 유래된 복은 그 이름 때문에 또 다른 별명을 얻게 되었습니다. 복(Bock)은 독일어로 숫염소를 의미하는 단어이기도 합니다. 도수가 높고 강한 맛의 맥주와 강하고 힘이 넘치는 숫염소가 일맥상통하여 복 맥주는 곧바로 숫염소라고 불리게 됐

염소가 그려져 있는 19세기 복 맥주 광고

습니다. 가령 맥주 패키지에 염소의 이미지가 그려져 있거나 염소 모양의 펜던트가 걸려 있다면 모두 이러한 이유 때문입니다.

마틴 루터와 복 맥주

과거 독일에서 복 맥주와 관련된 인물을 찾는다면 단연 마틴 루터입니다. 루터는 평생 맥주를 즐겨 마시며 살았고, 그의 결정적인 순간에 맥주가 있었습니다. 마틴 루터는 어떤 인물일까요? 1483년에 독일에서 태어난 루터는 법학자가 되길 원했던 아버지의 뜻을 거스르고 수도원에 들어가 수도사가 되었고 비텐베르크에서 종교

16세기 종교개혁을 시작한 마틴 루터의 초상

학 교수로 살았습니다. 그리고 훗날 가톨릭교회의 면죄부 판매와 여러 부조리에 반발하여 비텐베르크 대학교 교회 정문에 95개 조의 반박문을 내걸고 종교개혁을 시작한 인물입니다.

　　루터는 1517년, 교황 레오 10세로부터 직접 모든 주장을 철회하라는 요구를 받았고, 신성로마제국의 카를 5세로부터는 신변보장을 조건으로 제국 회의에 초청을 받았습니다. 말이 초청이지 사실 95개 반박문을 철회하라는 의미였습니다. 그의 지지자들은 초청에 응하지 말라고 했지만 루터는 강한 신념으로 참석을 결정합니다. 루터는 회의에 들어서기에 앞서 미리 준비한 독한 맥주 1리터를 단숨에 비우고 자신의 주장을 당당히 설파했다고 합니다. 이때의 맥주가 바로 아인베크의 맥주일 확률이 높습니다. 아인베크의 맥주는 중세에서 가장 강하고 유명했던 맥주로 독일 전역에서 구입할 수 있었습니다. 심지어 멀리 예루살렘에까지 운송되었다고도 합니다. 루터의 삶을 조용히 따라다니던 이 맥주가 결정적인 순간에 그에게 용기를 준 셈입니다.

〈보름스 제국회의에서의 루터〉 1877, 안톤 폰 베르너

　루터는 42세가 되던 1525년에 16세 연하의 카타리나 폰 보라와 결혼합니다. 카타리나는 전직 로마 가톨릭의 수녀였습니다. 그러니까, 전직 가톨릭의 수도사와 수녀가 개신교 최초의 목사와 목사 사모가 된 것입니다. 결혼식이 있던 날 아인베크는 루터의 종교개혁을 지지하고 결혼을 축하하는 의미로 루터가 가장 좋아했던 아인베크의 맥주 한 통을 보냈습니다. 루터는 비텐베르크 시민들의 모인 시만 광장에서 건배를 외치며 시민들의 축하 속에 결혼식을 치렀습니다. 한편 카타리나는 수도원에 있을 때 맥주 양조를 담당한 수녀였습니다. 그리고 이를 십분 활용하여 평생 루터에게 맛있는 맥주를 제공했다고 합니다.

사순절과 복 맥주

사순절은 그리스도의 수난을 기념하기 위한 가톨릭 전통으로, 부활절 전 40일간을 말합니다. 이 기간에는 금육과 금식을 통해 회개하고 자기 절제를 하며 예수 그리스도의 수난에 동참했습니

사순절 기간에 먹었다고 하는 금식용 프레첼

다. 중세의 수도원에서는 사순절을 엄격하게 지켰습니다. 하지만 일반적으로 알려진 것처럼 모든 음식을 끊은 것은 아니었습니다. 육류와 유제품은 먹을 수 없었지만, 긴 반죽을 8자 모양으로 꼬아서 구워낸 프레첼이나 성서에서 예수님이 군중에 나눠준 생선은 허용되었습니다.

복 맥주는 앞서 기독교의 사순절 기간에 수도사가 마신 '액체 빵'이라고 했습니다. 맥주도 빵처럼 곡물을 기반으로 효모로 만들어지기 때문에 붙은 별명입니다. 그런데 사순절에 왜 맥주가 허용되었을까요? 수도원의 복 맥주에 관한 한 일화와 관련이 있습니다. 수도사들에게는 복 맥주가 구세주였지만, 아무리 구세주라 해도 그리스도의 고난을 함께하는 사순절 기간에 맥주를 물처럼 마시는 것에는 죄책감이 있었나 봅니다. 그래서 뮌헨의 수도사들은 사순절

기간에 맥주를 마셔도 되는
지를 로마에 있는 교황에 문
기로 합니다. 수도사들은 복
맥주를 뮌헨에서 로마로 보
냈는데, 오랜 기간을 여행하
다 보니 아무리 저장성이 좋
은 맥주라도 만신창이가 될
수밖에 없었습니다. 이를 마
셔 본 로마 교황은 상당히
딱한 심정으로 이렇게 말했

파울라너 살바토어 전용잔과 아잉거 셀레브레이
토어 도펠복

다고 합니다. '이렇게 맛없는 음료를 마셨다니, 사순절에 맥주를 허
용한다'라고. 이후 수도원에서는 사순절 기간에도 교황의 승인 아
래 공식적으로 맥주를 마실 수 있었습니다.

오히려 사순절 기간에는 평소보다 더 독한 맥주를 마셨습니다.
수도원은 원래 좋은 맥주를 생산하는 양조장이기도 했으니까요. 평
소에는 알코올 도수가 높고 강한 맥주부터 알코올 도수가 낮고 연
한 맥주까지 다양하게 생산했지만, 사순절을 위해 특별히 도수가
높고 농도가 짙은 맥주를 만들었습니다.

성 파올라 수도원의 수도사들도 사순절을 위해 특별한 복 맥주
를 만들었는데, 이 맥주는 현재 파울라너의 대표 맥주인 '살바토어'
가 되었습니다. 살바토어는 7.9%의 높은 도수를 가진 강한 맥주로

몰트에서 나오는 풍미가 묵직한 라거 맥주입니다. 일반적인 복 맥주보다 알코올 도수가 높고 강하여 도펠복(Doppelbock)이라 부릅니다. 도펠은 '더블'이라는 의미이지만 알코올 도수가 복 맥주의 2배라는 의미는 아닙니다. 일반 복 맥주보다 강하다는 의미입니다.

또 다른 복 맥주 스타일이 있습니다. 바이스 비어의 복 맥주 스타일인 바이젠복입니다. 바이젠복은 한마디로 독일의 밀맥주를 도펠복 수준으로 강하게 양조한 맥주를 말합니다. 바이젠복은 뮌헨의 슈나이더 양조장이 1907년 처음으로 양조하여 아벤티누스(Aventinus)라는 이름을 붙였습니다. 그 밖에 바이엔슈테판의 비투스(Vitus), 에딩거의 피칸투스(Pikantus) 등이 대표적인 바이젠복입니다. 바이젠복은 다크 버전과 페일 버전의 두 가지 색상이 있다는 점이 특이한데, 아벤티누스는 다크 버전이고 비투스는 페일 버전입니다. 모두 국내에서 판매하고 있으니 비교하여 마셔 볼 만합니다.

복 맥주가 등장하는 그림으로 이야기를 시작했으니, 복 맥주가 등장하는 또 다른 그림으로 이야기를 마치겠습니다. 에두아르 마네(Édouard Manet)가 그린 〈좋은 맥주〉라는 그림입니다. 에두아르 마네는 프랑스의 후기 인상주의 화가입니다. 기존의 고전주의 화풍을 탈피해 대중의 삶의 모습들을 사실적으로 그린 작품으로 유명합니다. 그의 초기 작품인 〈풀밭 위의 점심 식사〉나 〈올랭피아〉는 당시에는 거센 비난을 받았지만, 지금은 후기 인상주의를 창조

〈폴리 베르제르의 바〉 1882, 에두아르 마네

한 대표 작품으로 칭송받고 있습니다. 맥주나 와인을 좋아하는 분이라면 마네의 여러 작품 중에서 술이 등장하는 〈폴리 베르제르의 바〉나 〈카페에서〉라는 작품을 인상적으로 봤을 것입니다. 저는 〈폴리 베르제르의 바〉를 보고 있으면 검은 드레스를 입고 손으로 테이블을 짚고 서 있는 무표정한 바텐더가 제 앞에 있는 것처럼 선명해 대화라도 나누고 싶은 심정이 듭니다(하지만 거울을 보니 그녀는 이미 다른 신사와 대화 중입니다). 게다가 여기저기에 흩어져 있는 와인 병과 맥주병이 반갑습니다. 병에 있는 빨간 삼각형 로고가 배스 양조장의 로고임을 눈치채고 과연 어떤 맥주일까 상상해 봅니다. 아마 배스의 대표 맥주인 페일 에일로 보입니다.

그럼 〈좋은 맥주〉에 나오는 담배를 문 배불뚝이 신사가 들고 있는 맥주는 무슨 맥주일까요? 이 물음에 답하는 것은 그다지 어려운 일은 아닙니다. 한국어로 〈좋은 맥주〉로 번역되었지만, 이 작품의 원제는 〈Le Bon Bock〉, '좋은 복'이기 때문입니다. 그러고 보니 그림에 나오는 인물이 손에 쥐고 있는 맥주는 갈색에 살짝 투명합니다. 맥주의 외관만 봐도 복 맥주의 느낌이 있습니다.

복 맥주가 새해에 어울릴 만한 특별한 이유는 없습니다만, 이상하게 저는 새해만 되면 복 맥주가 떠오릅니다. 마치 복 맥주가 염소와는 전혀 관계가 없지만 발음이 같아 숫염소라는 별명을 얻은 것처럼 말입니다. 사실 과거 독일에서는 복 맥주를 주로 봄에 마셨다고 합니다. 겨울이 지나고 아직 쌀쌀함이 남아 있는 초봄, 복 맥주로 몸을 따뜻하게 한 것이죠. 독일인이 보면 어리둥절하겠지만 우리는 우리만의 복 맥주를 마시는 계절이 있는 듯 합니다. 그것은 아마 발음이 같은 단어가 주는 즐거움 때문 아닐까요? 새해가 되면 복(福) 많이 받으시고, 복(Bock)도 많이 드세요.

〈좋은 맥주〉 1873, 에두아르 마네

이번 여름에는
세션 IPA입니다.

여름이면 생각나는 맥주가 있습니다. 이 맥주는 여름에 마셔야 제 맛을 느낄 수 있기 때문입니다. 세션 IPA에 대해 들어 봤나요? 아니라고요? 그렇다면 세션 비어에 대한 이야기를 먼저 해보겠습니다.

세션 비어는 맥주 스타일은 아닙니다. '이지-드링크(easy-drink)'라 할 수 있는 맥주들을 설명하는 형용사적 표현입니다. 테이블에서 취하지 않고 술술 마실 수 있다고 해서 영국에서는 '테이블 비어'라고도 부릅니다. 세션 비어는 일반적으로 한쪽에 너무 치우치지 않고 균형감을 유지하는 맥주입니다. 알코올 도수가 너무 강하지 않고, 쓴맛의 강도가 과하지 않으며, 홉과 몰트의 풍미도 강하지 않습니다. 그렇다 보니 무더운 여름에 청량감을 주는 맥주로 완벽하게 어울립니다. 한 잔, 두 잔, 여러 잔을 마셔도 몸에 해를 주지 않는 편입니다. 영국의 비터나 페일 에일, 독일의 쾰쉬나 고제, 벨기에의 위트 비어, 체코의 필스너 등 많은 전통적인 맥주들이 스타일과는 무관하게 세션 비어에 해당합니다.

세션 비어에서 '세션'은 '한 세션 동안 몇 잔을 마셔도 취하지 않고 편하게 마실 수 있는 맥주'라는 의미를 담았습니다.

세션을 사전에서 찾아보면 회의, 회기, 시간이라는 뜻인데 그대로 직역하면 아무래도 그 뜻이 잘 전달되지 않습니다. 예를 들자면, 학술대회에서는 몇 개의 발표를 주제별로 묶어 세션 1, 세션 2 이런 식으로 구분하거나 인터넷의 어느 사이트에 접속하여 로그인한 후 로그아웃하거나 그 브라우저를 벗어나기 전까지를 세션이라고 부릅니다.

이러한 세션 비어가 맥주 스타일처럼 불리게 된 이유는 이렇습니다. 하나의 설에 불과하니 그저 재미로만 읽어 주세요. 1914년의 영국으로 거슬러 올라갑니다. 1차 세계 대전이 시작된 이 해 영국은 민간인까지 동원해 군사 무기를 만들 수밖에 없었습니다. 이 절박한 시기, 영국 정부는 알코올이 업무 효율을 떨어뜨린다고 생각해 공장 노동자들이 술을 마실 수 있는 시간을 정오부터 오후 2시 40분, 저녁 6시 30분부터 10시 30분까지 단 두 차례로 제한했습니다. 이 두 세션에만 음주가 허용되었고, 음주 후 업무에 복귀할 때도 있었기 때문에 공장 노동자들은 다른 술보다 도수가 낮은 맥주를 선호했습니다. 여기서 세션 비어라는 말이 생겼다고 합니다. 즉 세션 비어란 맥주를 마실 수 있는 '세션'에 너무 취하지 않으면서 많은 양을 마실 수 있는 '비어'라는 의미가 담겨 있습니다.

그런데 눈치챘나요? 이때의 맥주는 세션 비어이지 제목에서 언급한 세션 IPA는 아닙니다. 그럼 세션 IPA는 무엇일까요? 세션 IPA라는 말은 사실 새로운 맥주 스타일이 아닌 일종의 마케팅 수단으로, 비교적 최근에 미국에서 생겨났습니다. 미국은 1970년대부터 소규모 크래프트 맥주 양조장을 중심으로 미국 홉을 사용한 영국 맥주 스타일을 만들기 시작했습니다. 그 중심 스타일이 IPA였습니다. 미국 IPA의 특징은 높은 도수와 쓴맛, 그리고 가득한 홉 풍미에 있습니다. 이 스타일은 대중의 취향을 강타했습니다. 하지만 IPA는 여러 잔을 편하게 마실 수 있는 술은 아닙니다. 그래서 IPA 타이틀을 유지하면서 취하지 않게 마신다는 개념의 세션 비어를 덧붙여 '세션 IPA'가 생겨난 것입니다.

세션 IPA라고 하면 2009년에 처음 생산된 파운더스 브루잉의 '올데이IPA(All Day IPA)'가 생각납니다. 올데이 IPA는 원래 홉이 많이 들어간 페일 에일로 만들어졌습니다. 몇 잔을 마셔도 질리지 않는다고 하여 이름도 '인듀어런스 에일(endurance ale)'이었습니다. 올데이 IPA의 특징을 살펴보면, ABV 4.7%에 IBU가 42입니다.

세션 IPA의 교본처럼 여겨지는 파운더스 브루잉의 All Day IPA (사진 출처: 인스타그램 @ ms___beer 제공)

IPA를 유지하면서 너무 취하지도 않고 쓴맛이 적당한 IPA를 만든 것입니다. 이것이 세션 IPA의 교본처럼 되었습니다.

그런데 세션 IPA는 도대체 페일 에일과 무엇이 다를까요? 알코올 도수도 비슷하고, 쓴맛도 비슷합니다. 주로 아메리칸 홉을 사용하는 것도 비슷합니다. 차이는 홉 지향성에 있다고 생각합니다. 앞서 IPA의 특징을 높은 도수와 강한 쓴맛이라고 했습니다. 세션 IPA가 애써 IPA와 다른 방향으로 가면서도 IPA의 타이틀을 유지할 수 있는 이유는 둘 다 홉의 풍미가 높다는 특성 때문입니다. 그에 비해 페일 에일은 홉과 몰트가 균형 잡힌 맥주입니다. 그래서 사실 세션

IPA는 다소 형용 모순 같다는 생각이 듭니다. IPA는 높은 도수와 쓴맛이라면서 세션 IPA는 도수와 쓴맛이 높지 않다고 하니까요.

BCJP(Beer Judge Certification Program, 맥주 심사관을 인증하기 위한 프로그램으로 맥주 스타일을 제시하고 있음)에는 이 스타일에 대한 가이드가 없습니다. 대신 조금 더 유연한 WBC(World Beer Cup) 스타일 가이드에는 세션 IPA를 이렇게 정의하고 있습니다.

'몰트의 향과 풍미는 중간 이하로 낮고, 홉의 향과 풍미는 중간 이상으로 높다. 홉의 쓴맛은 중간 이상이다. 알코올 도수는 3~4% 이고 5%를 넘으면 안 된다.'

가을이면 생각나는
트라피스트 맥주

2022년 12월, 미국의 유일한 트라피스트 맥주 양조장인 스펜서 브루어리가 문을 닫았다는 슬픈 소식이 들려왔습니다. 미국에서 생산하는 트라피스트 맥주라니, 의아할지 모릅니다. 메사추세츠주의 성 요셉 수도원에서 운영했던 스펜서는 트라피스트 맥주 전통에 미국의 크래프트 맥주 문화를 접목한 독특한 양조장으로, 그동안 두벨이나 트리펠 등의 전통적인 트라피스트 맥주뿐만 아니라 전통 트라피스트 양조장에서 볼 수 없었던 IPA나 임페리얼 스타우트 등 크래프트에 가까운 맥주를 생산했습니다. 하지만 미국에서 다른 크래프트 양조장과 경쟁하기 힘들고 이익은 매년 줄어들었기 때문에 문을 닫기로 한 것입니다. 양조장을 수도원 밖으로 매각하는 방안

미국의 유일한 트라피스트 맥주 양조장, 스펜서 (사진 출처: 인스타그램 @roger_beer_glass)

도 논의되었던 것 같지만, 수도원 맥주가 아니라면 의미가 없다는 점 때문에 폐쇄로 가닥이 잡혔습니다.

맥주 팬으로서 트라피스트 맥주 전통이 하나둘씩 사라지는 일이 슬픕니다. 하지만, 벨기에의 '시메이(Chimay)' 양조장이라면 이런 일은 없을 듯합니다. 왜냐하면 시메이는 세계에서 가장 많이 판매되고, 주변에서 가장 흔하게 볼 수 있는 트라피스트 맥주이기 때문입니다. 시메이 양조장은 2018년 기준으로 연간 18만 헥토리터나 팔릴 정도로 세계에서 판매량이 가장 큰 트라피스트 양조장입니다. 이와 견줄 양조장은 네덜란드의 '라 트라페(La Trappe)' 정도밖에 없습니다. 아무튼 저는 이 시메이 맥주를 세계 곳곳에서 가장 흔

벨기에 트라피스트 맥주 양조장, 시메이의 대표 맥주들 (사진 출처: 인스타그램 @hyomosapiens_official)

하게 봐왔습니다. 우리나라뿐만 아니라 일본의 마트나 동남아시아의 마트처럼 유럽권이 아닌 곳에서도 가장 흔하게 구할 수 있었습니다. 하지만 흔하다고 가치마저 떨어지는 것은 아닙니다. 오히려 다른 트라피스트 맥주를 구하기 힘들었을 때, 시메이만큼은 마시고 싶으면 언제나 주변에 손을 뻗어 마실 수 있는 고마운 맥주였습니다.

트라피스트 맥주를 마시는 계절이 따로 있는 것은 아니지만 가을에 마시면 특히나 좋습니다. 여름은 역시나 밝은 황금색의 시원한 라거가 어울리는 계절입니다. 트라피스트 엥켈이나 트리펠의 짙

다양한 트라피스트 맥주들

은 황금색은 여름의 더위가 서서히 모습을 감추고, 가을이 시나브로 고개를 쳐드는 시기의 노랗게 물든 들녘의 색입니다. 향긋한 과일의 풍미와 청량감은 무더운 여름에 마셨던 가벼운 맥주를 마감하고 가을을 반기라고 합니다. 반면 트라피스트 두벨이나 쾨드루펠은 깊어지는 가을에 어울리는 밤의 색입니다. 마른 과일의 풍미와 몸을 데우는 알코올의 따뜻함은 깊어지는 가을을 즐기면서 겨울을 맞이할 용기를 내게 합니다.

그런데, 엥켈과 트리펠, 두벨과 쾨드루펠, 이것은 도대체 무슨 뜻이란 말입니까? 얼핏, 김연아의 더블 악셀이나 트리플 악셀을 떠올렸다면 맥락은 비슷합니다. 이것은 트라피스트 맥주를 강도와 풍미등에 따라 구분한 맥주 스타일을 말합니다. 엥켈은 수도원에서 일상적으로 마시는 맥주로 알코올 도수가 가장 낮고 색이 밝습니다.

두벨은 '두 배'라는 의미로 엥켈보다 알코올 도수가 높고 색이 어둡습니다. 트리펠은 '세 배'라는 의미로 두벨보다 알코올 도수가 높고, 색은 엥켈처럼 밝습니다. 콰드루펠은 '네 배'라는 의미로 알코올 도수가 트리펠보다 높고, 색은 두벨과 비슷하게 어둡습니다. 이러한 것은 사실 스타일이라기보다는 비슷한 맥주를 한데 묶어 놓은 범주에 가깝습니다. 마침 우리 주변에는 시메이가 있어 트라피스트 맥주의 스펙트럼을 설명하기가 한결 수월해집니다. 시메이는 모든 범주의 맥주를 가지고 있는 트라피스트 양조장이기 때문입니다.

시메이는 1850년 베스트블레테렌의 한 무리의 수도사들이 설립을 도운 벨기에 남쪽의 스코흐몽 수도원(Abbaye Notre Dame de Scourmont)에서 만든 맥주 양조장입니다. 베스트블레테렌은 현재도 가장 품질이 좋은 전통적인 트라피스트 맥주를 생산하고 있으니, 시메이의 맥주가 질 좋은 양조 환경으로부터 얼마나 많은 영향을 받았는지를 짐작할 수 있는 부분입니다. 여기서 스코흐몽은 그들이 개간한 땅의 이름입니다. 수도사들은 새로운 땅에 농경지를 만들고 수도원을 짓고, 자급자족을 위해 우유와 치즈를 생산했습니다. 또 양조장을 짓고 수도원 우물에서 나오는 물로 맥주를 만들었습니다. 하지만 지금의 시메이 맥주는 그때의 맥주와는 다릅니다. 다른 여러 유럽의 양조장과 비슷하게 시메이도 2차 세계 대전 중에 독일군에 점령되어 양조 탱크가 뜯겨 나가고 양조가 멈추는 아픔을 겪었기 때문입니다. 전쟁이 끝나고 어느 정도 시간이 지난 1948

년이 되어서 수도원의 테오도르(Theodore) 신부가 양조에 필요한 효모 이스트를 발견해 다시 만들기 시작한 것이 현재의 시메이입니다.

시메이 맥주는 확실한 트라피스트 맥주입니다. 그도 그럴 것이 시메이의 맥주는 수도원 시설에서 만들어지고, 맥주의 생산 과정을 수도원의 수도사들이 직접 감독하며, 맥주로 얻은 수입의 대부분을 자선 활동에 사용하기 때문입니다. 이 모든 것이 트라피스트 양조장이 지켜야 할 최소한의 조건입니다. 또 시메이는 트라피스트 맥주의 4가지 스타일을 모두 생산합니다. 이 맥주들은 엄연히 이름을 가지고 있지만 흔히들 색상으로 구분하여 부릅니다. 시메이 골드, 시메이 레드, 시메이 화이트, 시메이 블루라고 말입니다.

트라피스트 엥켈과 시메이 골드, 도헤(Dorée)

트라피스트 엥켈은 수도원 안에서는 가장 흔한 맥주이지만 수도원 밖에서는 좀처럼 마시기 힘든 맥주이기도 합니다. 엥켈은 원래 수도원 내에서 수도사들이 일상적으로 마시거나 수도원을 방문한 손님들을 대접하기 위해 만들어진 맥주입니다. 엥켈(Enkel)은 'Single'이라는 뜻이 있는데, 도수가 가장 낮고 가장 기본적인 맥주라는 뜻이 담겨 있습니다. 다른 트라피스트 양조장에서는 상업적으로 판매하지 않는 스타일이지만 시메이만큼은 2015년부터 도헤

(Dorée)라는 이름으로 판매하고 있습니다. 이런 걸 보면 시메이가 얼마나 대중적인 양조장인지 알 수 있습니다.

도혜(Dorée)는 프랑스어로 'Gold'라는 뜻인데, 이름에 걸맞게 외관은 묵직한 황금빛입니다. 정향과 코리앤더 향이 물씬 나고, 입안에 꽉 차는 탄산감과 알싸함이 가벼우면서 드라이합니다. 알코올 도수는 4.8%인데 밀맥주를 마시는 것처럼 편안하게 마실 수 있습니다. 이렇게 맛있는 맥주를 수도사들은 물처럼 마셨다고 하는데, 저라면 물보다 맥주를 많이 마셨을 것 같습니다. 그런데 이런 의구심이 듭니다. 제아무리 수도사라도 맥주를 자주 마시면 취하지 않았을까? 실제로 그런 일이 적지 않게 있었던 것 같습니다. 왜냐하면 수도원 내에서 술에 취한 수도사들에게 내리는 형벌이 기록으로 전해지기 때문입니다. 예를 들면 '성가를 부를 때 혀가 풀린 자는 12일, 구토를 할 만큼 술을 많이 마신 자는 30일간 속죄해야 한다'는 기록이 있습니다. 속죄 기간에는 맥주도 마실 수 없었으니 맥주 대신 물을 마시는 게 더 힘든 벌이었을지도 모릅니다.

트라피스트 두벨과 시메이 레드, 프히미에흐(Première)

앞서 시메이 양조장을 지은 스코흐몽 수도원은 베스트블레테렌의 일부 수도사들이 나와 세운 수도원이라 말했습니다. 이들이 양조장을 세운 1862년부터 시작해 지금까지 이어지고 있는 맥주가 시메이 프히미에흐(Première)입니다. 처음 만들어진 맥주라는 뜻이 있으며, 맥주의 레이블이 빨간색이라 시메이 레드 혹은 시메이 루즈(Rouge)라고 부르고, 해 질 녘을 닮아 시메이 브륀(Brune)이라고도 합니다. 맥주 스타일은 브라운 에일에 가까우며, 트라피스트 맥주 카테고리로는 두벨입니다. 수도원 자체가 베스트말레와 베스트블레테렌 수도원의 지원으로 세워졌고, 두벨이 1856년에 베스트말레에 의해 처음 양조되었으니, 시메이의 첫 맥주는 아무래도 이러한 역사적 배경과 당시의 맥주 양조 환경에서 나온 걸로 짐작할 수 있습니다. 진한 구릿빛 색깔과 황백색 거품. 바닐라, 정향 등의 풍미와 브라운 슈가, 캐러멜의 스위티. 입안에 꽉 차는 탄산감이 일품이며 높은 도수에도 부담 없이 마실 수 있습니다. 베스트말레 두벨과 함께 두벨의 표준으로 손색이 없습니다.

트라피스트 트리펠과 시메이 화이트

대부분은 말하지 않아도 시메이 레드를 두벨로, 블루를 쾌드루펠로 알고 있습니다만, 정작 레드의 레이블에는 두벨이 아닌 브라운 에일로 표기되어 있습니다. 마찬가지로 블루도 쾌드루펠로 표기되어 있지 않습니다. 반면 시메이 화이트는 트리펠이라고 레이블에 분명히 표시되어 있습니다. 그만큼 처음부터 트리펠을 추구하고 만들었다는 뜻입니다. 처음 만든 해는 1966년으로, 베스트말레가 처음으로 트리펠을 생산한 해가 1956년이니 딱 10년 후의 일입니다. 여기서도 알 수 있듯이 시메이는 선배 베스트말레 양조장의 영향을 직간접적으로 받았습니다.

시메이 화이트는 생크 상(Cinq Cents)이라는 별명이 있습니다. 생크 상은 프랑스어로 오백(500)이라는 뜻입니다. 왜 이런 별명이 붙었는지 알기 위해서는 벨기에 지리에 대한 약간의 이해가 필요합니다. 벨기에는 네덜란드어를 사용하는 북부 플랑드르 지역과 프랑스어를 사용하는 남부 왈롱으로 나뉩니다. 여기에 약간의 독일어를 사용하는 지역이 있습니다. 시메이 양조장은 벨기에 남부의 프랑스와 인접한 동명의 도시 시메이에 있습니다. 그러다 보니 이곳의 언어와 문화는 대체로 프랑스와 가깝습니다. 시메이의 맥주 이름이 프랑스어인 이유입니다. 시메이 화이트가 세상에 나온 지 20년이 지난 1986년, 도시 시메이는 탄생 500주년을 맞았습니다. 이를 기념하기 위해 양조장 시메이도 가만히 있을 수가 없죠. 특별히 750ml 병의 트리펠을 만들어 '오백'이라는 이름을 붙인 것입니다. 새로운 시메이가 나왔는데 굳이 '시메이 화이트 주세요'라고는 하지 않았을 것 같습니다. 그러면 왠지 재고로 남아 있는 맥주를 주었을 듯하네요. 대신 '시메이 오백 주세요'라고 하지 않았을까요? 개인적인 추측을 더해 봅니다.

이 맥주는 짙은 황금빛 외관과 풍성한 거품을 가진 맥주입니다. 처음에는 과일의 풍미와 달콤함으로 시작하여 스파이시하면서도 적당한 쓴맛으로 마무리됩니다. 목을 타고 넘어갈 때 톡 쏘는 느낌이 있어 더욱 청량하게 느껴집니다. 시메이 두벨과 비교하면 쓴맛과 단맛이 강하지만 서로의 균형이 안정감 있는 맥주입니다.

트라피스트 콰드루펠과 시메이 블루, 그랑 레저브(Grande Réserve)

트라피스트 콰드루펠은 트라피스트 맥주의 그랑 크루(Grand Cru)이자 끝판왕이라 할 만합니다. 콰드루펠은 네덜란드 코닝스후펜 수도원의 트라피스트 양조장인 라 트라페에서 1991년부터 생산한 스트롱 다크 에일의 브랜드명(La Trappe Quadrupel)이었습니다. 이 스타일을 라 트라페가 처음으로 생산한 것은 아니었고 그저 그때까지 아무도 사용하지 않았던 콰드루펠이라는 이름을 먼저 쓴 것뿐입니다. 스트롱 다크 에일은 이미 벨기에에 여럿 있었습니다. 예를 들어, 세계에서 가장 사랑받는 맥주 중의 하나인 베스트블레테렌 12는 1940년에 소개되었습니다. 시메이 블루는 원래 1954년에 '블루캡'이라는 이름으로 크리스마스 에일로 한정적으로 나왔다가 평판이 좋아 연중 생산으로 전환하면서 그랑 레저브(Grande Réserve)라는 이름을 얻었습니다. 맥주이지만 와인처럼 생산 연도에 따른 차이가 있는 빈티지가 특징입니다.

시메이 블루는 시메이의 트라피스트 맥주 중에서 알코올 도수가 가장 높고(9%), 풍미도 가장 강한 맥주입니다. 검갈색 외관과 황백색 거품은 두벨과 비슷하지만, 건포도, 건자두 등의 말린 과일의 풍미와 캐러멜, 브라운 슈가 등의 몰티한 풍미가 더욱 짙습니다. 게다가 트리펠처럼 과일 향이 화사합니다. 스파이시하면서도 탄산감이 있어 높은 도수에도 마시기가 어렵지는 않습니다.

친구에게 시메이 맥주를 처음 소개했을 때 친구는 Chimay를 어떻게 읽어야 하냐고 묻더군요. '치매 맥주인가?'라면서. 다른 친구는 이걸 '시마이'라고도 읽었습니다. 그러면서 '오늘 맥주는 이걸로 시마이 하자'라고 하더군요. 시마이는 일본어로 끝이라는 뜻입니다. 한국에는 시메이라는 이름으로 수입되었지만 원래의 발음은 '시메'에 가깝습니다. 치매로 부르든 시마이로 부르든 누구에게나 확실한 것은 시메이는 깊어지는 가을에 트라피스트 맥주를 부르는 이름이라는 사실입니다.

지독한 겨울을 견뎌낼 수 있는
마법의 맥주

이런 표현이 맥주에 어울릴까요? 겨울철에 두 손을 움켜쥐고 호호 불면서 홀짝거리며 마시는 맥주. 당연히 안 어울리지만 이 스타일의 맥주라면 가능할 것 같습니다. 이런 포스터가 있습니다. 한 남자가 겨울철의 눈 쌓인 도로를 걷고 있습니다. 신발은 쌓인 눈에 반쯤 묻혀 있고, 어깨는 잔뜩 움츠렸습니다. 지팡이를 손에 들 수 없을 정도로 추워서 겨드랑이에 걸치고 두 손을 주머니에 넣은 채로 걷고 있습니다. 날씨가 추워도 너무 추워 보입니다. 그리고 포스터 아래에는 "BEST WINTER DRINK!"라고 쓰여 있습니다. 이 남자가 추위를 헤치면서 어딘가로 가는 길에 생각하고 있는 음료가 있다면 무엇일까요? 이 포스터는 지독한 추운 겨울을 견뎌낼 수 있는

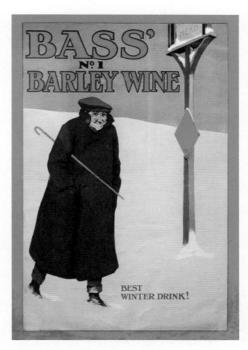

배스 브루어리의 발리 와인 포스터

맥주, 발리 와인의 광고 포스터입니다.

발리 와인은 몰트의 풍미가 풍부하고 과일 에스테르가 있는 영국의 고도수 맥주입니다. 알코올 도수가 무려 8~12% 정도에 달합니다. 잔당이 많아서 음용성이 있는 편은 아니지만 겨울철에 홀짝거리며 마시기에 좋습니다. 특히 음산한 날이면 더욱 좋은데 조금만 마셔도 몸이 후끈 달아오르기 때문입니다. 겨울에 몸을 따뜻하게 해주는 맥주라는 뜻에서 '윈터 워머(Winter Warmer)'라는 별명을 가지고 있습니다.

이름은 와인이지만 와인과의 공통점은 둘 다 두 자릿수 알코올 도수를 가졌다는 점 빼고는 없습니다. 맥주 업계에서 '우리도 이런 술을 만들 수 있어'라는 대항의 의미로 와인을 가져다 쓴 것뿐입니다. 영국에서는 발리 와인(Barley Wine)이라고 쓰는데 미국에서는 발리와인(Barleywine)이라고 붙여서 씁니다. 미국의 주류담배세금무역국(Alcohol and Tobacco Tax and Trade)에서 소비자가 와인으로 오인할 것을 염려하여 와인이라는 명칭을 사용하지 못하게 했기 때문입니다.

앞서, 발리 와인을 윈터 워머라고 부른다고 했는데, 이렇게 도수가 높은 맥주를 부르는 별명은 다양합니다. 우선 고도수 맥주와 저도수 맥주는 각각 빅 비어(Big Beer)와 스몰 비어(Small Beer)라고 부릅니다. 예전에는 빅 비어를 위스키처럼 현금 대용으로도 사용하였습니다. 고대 이집트에서 노동자들이 급여를 맥주로 받은 것처럼 말입니다. 그래서 붙은 이름이 스톡 에일(Stock Ale)입니다. 또 빅 비어는 적은 양을 마셔도 큰 만족감을 줄 정도로 강력합니다. 용의 젖을 마신다면 이런 느낌일까요? 그래서 붙은 별명이 드래곤스 밀크(Dragon's Milk)입니다. 파이브 엑스라는 이름도 있습니다. 예전에는 맥주를 담은 통에 맥주의 도수에 따라 X자를 표시해 두었고, X가 많을수록 고도수 맥주인데, 빅 비어는 파이브 엑스(XXXXX)였기 때문입니다. 그 밖에 스트롱 에일(Strong Ale), 올드 에일(Old Ale), 스테일 에일(Stale Ale) 등이 모두 비슷하게 통용되는 이름입니다.

발리 와인은 18세기 영국의 귀족 가문에서 겨울철에 양조하는 스타일이었습니다. 영국의 전통적인 양조 방식은 파티 가일(Partigyle)이라는 부분 발효 방식입니다. 한 번 쓴 티백이 아까워 여러 번 우려 마시듯, 분쇄된 맥아를 끓여 죽처럼 된 물에 양조수를 부어 얻은, 서로 다른 농도의 맥즙을 사용하는 방식을 말합니다. 파티 가일에 의해 첫 번째 나오는 맥즙에는 당분이 충분하여 효모가 알코올을 많이 생산할 수 있습니다. 두 번째 맥즙에서는 보통의 맥주가 나오고 세 번째 맥즙에서는 도수가 2~3도에 불과한 저도수 맥주가 나옵니다. 저도수 맥주는 마일드 비어라고도 하며 상하기 전에 빨리 소비하는 편이고, 첫 번째 맥즙으로 만든 고도수 맥주는 보통 나무 캐스크에 보관하여 좀더 숙성하여 마십니다. 발리 와인은 이렇게 발효와 숙성의 마법으로 만들어진 고도수 맥주입니다. 참고로 현대에는 파티 가일 방식을 거의 사용하지 않습니다.

가정에서 양조하던 발리 와인을 상품으로 끌어올린 양조장은 영국의 배스(Bass) 브루어리입니다. 1872년에 설립된 배스는 1903년에 자신의 양조장에서 가장 도수가 높은 맥주에 No.1이라는 이름을 붙였습니다. 'Bass No.1 Barley Wine'이라는 이름으로 출시된 이 맥주가 현대 발리 와인의 시초입니다. 조슈아 M. 번슈타인이 쓴 《맥주의 모든 것》(The Complete Beer Course, 정지호 역, 푸른숲)에 의하면, 배스는 의학 저널에 발리 와인을 처음 소개하면서 '이 맥주는 수유하는 엄마뿐만 아니라 소화불량, 불면증, 빈혈, 허약 체질 등

온갖 질환에도 적합하다'고 홍보했다고 합니다. 당분이 높고 풍미가 풍부한 맥주를 약으로 인식했던 시절입니다. 그 밖에 영국에 전통을 둔 발리 와인은 처음으로 금색의 발리 와인을 선보인 테넌츠(Tennent's)의 Gold Label과 풀러스(Fuller's)의 Golden Pride 등이 있습니다. 하지만 영국의 발리 와인은 서서히 명맥이 끊겨 현재는 거의 찾아볼 수가 없습니다. 배스의 발리 와인도 1995년에 생산이 중단되었습니다.

사라질 뻔한 스타일에 인공 호흡기를 달아 준 것은 역시나 미국의 크래프트 맥주 양조장이었습니다. 샌프란시스코에 있는 앵커 브루어리는 IPA나 포터 등 영국 스타일의 맥주를 처음으로 미국식 크래프트 맥주로 재탄생시킨 양조장으로 유명합니다. 앵커는 영국식 발리 와인에 미국의 신세계 품종 홉을 듬뿍 사용하여 미국식 발리와인을 만들었습니다. 이것이 1975년에 공개된 '앵커 올드 포그혼(Anchor Old Foghorn Barley Wine Style Ale)'이며 아메리칸 발리와인의 시초입니다.

이어 시에라 네바다 브루어리는 1983년에 '빅풋(Sierra Nevada Bigfoot Barleywine Style Ale)'을 선보이며 발리와인의 대중화에 기여합니다. 미국의 발리와인은 영국의 발리 와인에 비해 홉의 풍미가 두드러집니다. 그렇다고 더블 IPA처럼 홉이 극단으로 치닫지 않습니다. 강한 몰트 풍미와 두드러진 홉 풍미, 쓴맛의 밸런스가 좋다고 할 수 있습니다.

현대에 와서 발리 와인은 새롭게 재해석되고 있습니다. 대표적인 것이 배럴 숙성 발리 와인입니다. 국내에서 발리 와인을 마시기는 그리 쉽지는 않습니다. 영국식 발리 와인은 거의 찾아볼 수가 없고, 미국식 발리 와인도 수입이 제한적입니다. 하지만 국내 크래프트 브루어리에서 다양하게 해석하여 내놓은 발리 와인이 있어 다행입니다. 2021년 크래머리 브루어리는 셰리 배럴, 럼 배럴, 버번 위스키 배럴, 레드 와인 배럴에 각각 숙성한 4종의 배럴 숙성 발리 와인을 선보인 바가 있습니다. 건과일의 프루티와 토스

아메리칸 발리와인의 시초, 앵커 올드 포그혼

아메리칸 발리와인의 대중화에 기여한, 시에라 네바다 빅풋

트의 고소함, 몰트의 단맛이라는 기본적인 발리 와인의 풍미 외에도 각각의 배럴이 부린 숙성의 마법을 느낄 수 있는 맥주입니다.

그럼 발리 와인에 어울리는 음식은 무엇이 있을까요? 알코올 도수와 강도가 센 발리 와인에는 맛이 세거나 영양가가 있는 음식과

크래머리 브루어리의 배럴 숙성 발리 와인 (사진 출처: 인스타그램 @kramerlee)

의 조합을 추천합니다. 치즈라면 푸른 곰팡이 치즈가 제격입니다. 맥주와 치즈가 서로의 강한 풍미를 제어하며, 맥주의 단맛과 치즈의 짠맛이 균형을 이루어 줍니다. 영국의 대표적인 블루 치즈 스틸턴은 음식의 하모니뿐만 아니라 지역적인 하모니까지 부여합니다.

마지막으로 발리 와인에 관한 유명한 맥주 축제에 대해 소개해 볼까 합니다. 그레이트 알래스카 비어 앤드 발리 와인 페스티벌 (Great Alaska Beer & Barley Wine Festival)입니다. 이 축제는 알래스카 지역의 유명 양조장이 생산하는 발리 와인에 초점을 맞춘 맥주 페스티벌입니다. 알래스카의 추위가 가장 극성인 매년 1월에 열립니다. 비어 헌터라는 별명을 가진 '맥주의 황제' 마이클 잭슨은 알래스카 발리 와인 축제에 초대받은 이야기를 자신의 블로그에 남겼습니다. 허스키 일곱 마리가 끄는 썰매를 타고 몇 마일 동안 미친 듯이 달려 가문비 나무 숲을 가로질러 도착해 마신 발리 와인에 대한 감회입니다. 추위가 절정인 겨울의 한가운데에서 맥주 축제라니, 발리 와인은 지독한 겨울을 견뎌낼 수 있는 마법이 맞는 것 같습니다.

쌀 맛 나는
맥주의 사정

미국의 버드와이저, 스페인의 에스트레야 담, 일본의 아사히, 한국의 한맥. 이들 맥주의 공통점은 무엇일까요? 바로 쌀을 부재료로 사용한 맥주라는 점입니다. 대부분의 맥주는 홉, 보리(맥아), 효모, 물과 같은 기본적인 재료로 만듭니다. 하지만 일부 라거 맥주는 보리와 함께 쌀을 부재료로 사용합니다. 사실 쌀은 옥수수와 함께 맥주 양조에 가장 많이 사용되는 부재료입니다.

쌀을 재료로 사용한 맥주의 역사는 오래되었습니다. 고고학적 탐사로 기원전 중국 남부 양쯔강이나 인도 북부에서 쌀을 사용해 맥주를 만들었다는 사실이 발견되었는데, 축제를 위해 양조한 것으로 추정하고 있습니다. 19세기 미국에서도 쌀 맥주가 비교적 흔했습니다. 일명 '부가물 라거'라고 부르는 아메리칸 라거입니다. 이는 19세기 중반, 미국으로 건너간 독일인 이민자들의 작품입니다. 이전에는 에일이나 포터를 주로 양조했는데, 독일 이민자들은 미국의 개척된 땅에서 본국의 양조 전통에 따라 라거를 만들었습니다. 하지만 개척된 땅에서는 나는 여섯 줄 보리는 유럽의 두 줄 보리에 비해 풍미와 수율 모두 떨어졌습니다. 이때 보리의 주요 성분을 보충하기 위해 주변에서 찾은 대표적인 곡물이 쌀과 옥수수입니다. 쌀과 옥수수는 미국의 금주법 이후 맥주를 싼 가격에 공급하기 위해 더욱더 사용되었습니다.

일본도 쌀을 사용한 맥주로 유명합니다. 일본에서 일본인이 세운 가장 오래된 맥주 양조장은 1876년에 설립된 삿포로맥주입니다. 물론 1870년에 설립된 현재 기린맥주의 전신인 스프링 밸리 양조장도 있지만, 이곳은 일본 최초의 맥주 양조장이긴 해도 일본인이 설립한 양조장은 아니었습니다. 아시히맥주는 이보다 조금 늦은 1889년에 오사카에 설립되었습니다. 설립 당시 이름은 오사카맥주였습니다. 이렇게 1800년대 세워진 일본의 맥주 양조장들은 독일 맥주의 영향을 많이 받았습니다. 하지만 독일에서 맥아 공급이 어려워지자 쉽게 대체할 수 있는 곡물을 찾아야 했고, 마침 쌀을 발효해 사케를 만들던 전통이 있었던 덕에 맥주의 보조 재료로 쌀을 쉽게 사용할 수 있었습니다.

사실 쌀은 맥주의 풍미에 크게 기여하지 않습니다. 약간의 단맛이 있긴 하지만 풍미와 아로마를 거의 내지 않는 중성적 특징이 있기 때문입니다. 맥주에 쌀을 사용한 이유는 부족한 맥아를 대신해 알코올 생산을 위한 당분을 얻기 위해서입니다. 또 일부 국가에서는 부가물 비율이 높은 맥주에 세제 혜택을 적용해 주기도 합니다. 그러니 엄밀히 말하면 쌀은 비용 절감을 위해 사용했다 할 수 있습니다. 한국에서도 국산 쌀을 사용한 맥주는 세제 혜택을 받고 있습니다.

과거에 비용 절감을 위해 대기업 맥주에서 쌀을 사용했다면, 현재는 크래프트 맥주 양조장에서 쌀의 독특한 특성을 살려 맥주를 만들려는 다양한 시도를 하고 있습니다. 도정을 거친 쌀은 단백질 함량이 낮습니다. 보리 맥아의 단백질이 맥주의 혼탁함을 유발하기 때문에 쌀을 사용해 만든 맥주는 그보다 깨끗하고 맑습니다. 입안에서 느끼는 질감도 더 청량하고 드라이합니다. 만약 단백질 성분의 하나인 글루텐에 거부감이 있다면 쌀로 만든 맥주가 도움이 될 것입니다. 글루텐 함량이 낮은 글루텐 프리 맥주의 재료는 대부분 쌀입니다. 그중 주목할 만한 국내 맥주가 있습니다. 토종 쌀을 사용해 만든 몽트비어의 맥주 '음미하다'는 한국에서 거의 사라져 버린 토종 벼를 사용해서 만듭니다.

그런데 한국에 토종 벼가 사라졌다니, 그럼 우리가 매일같이 먹는 국산 쌀은 무엇이란 말인가요? 맥주 이야기를 하기 전에 잠시 우리나라 쌀에 대한 이야기를 해봐야겠습니다.

오래전 일이라 맥주 이름이 잘 생각나지 않습니다만 국내산 쌀이 들어간 크래프트 맥주가 있었습니다. 그런데 재료 표기에 쌀을 'Japanese Style Rice'라고 해서 오해하신 분이 있었습니다. "왜 한국 맥주에 굳이 일본 쌀을 썼을까"라며 아쉬움을 토로했습니다. 여기서 일본 스타일 쌀이란 일본에서 생산된 쌀이 아니라 쌀 품종이 '자포니카'라는 뜻입니다. 벼의 품종은 크게 인디카(Indica)와 자포니카(Japonica)로 나뉩니다. 인디카는 주로 동남아시아에서 자라며 길쭉길쭉하고 찰기가 없는 남방계 쌀입니다. 자포니카는 한국, 일본 등에서 잘 자라며 둥글둥글하고 찰기가 있는 북방계 쌀입니다. 라오스의 국민 맥주인 라오비어를 포함해, 동남아시아에서 생산되는 맥주는 대부분 인디카를 사용합니다. 그 외 미국과 일본, 한국은 자포니카를 사용합니다. 그런데 왜 중국과 한국보다 늦게 벼 농사를 받아들인 일본의 명칭이 북방계 쌀을 대표하는 이름이 됐

자포니카는 한국, 일본 등 북방계 쌀입니다

인디카는 길쭉길쭉하고 찰기가 없는 남방계 쌀입니다

을까요? 이러한 이름을 붙인 사람이 일본의 학자였기 때문입니다. 1920년대 후반 일본의 학자 가토 시게모토는 북방계 쌀과 남방계 쌀을 교잡해도 잘 섞이지 않으니 이들을 고유의 품종으로 유지하자고 주장했고, 북방계에는 일본, 남방계에는 인도라는 이름을 붙였습니다. 학계는 이 주장을 받아들여 현재까지 사용하고 있습니다.

그런데, 한국의 토종 벼는 어떻게 사라진 것일까요? 1910년 일본의 기록에는 '1천 4백 51개의 조선 벼 품종이 지역마다 다르게 재배된다'고 되어 있습니다. 하지만 일제강점기와 유신 정권을 거치면서 한국의 토종 벼는 대부분 자취를 감추었습니다. 일본은 품종 개량으로 수확량이 좋은 인공교배 품종을 한국에 널리 퍼트렸습니다. 그리고 비합리적이고 강압적인 방법으로 한국 농민들의 합리적인 의견을 무시하면서 비료에 내성이 있고 수확량이 좋다는 이유로 일본 품종을 강요했습니다. 게다가 일부 지주들은 일본으로부터 혜택을 얻기 위해 적극적으로 한국의 토종 벼를 일본의 종자로 교체했습니다. 1970년대에는 자포니카와 인디카를 교배하여 만든 '통일벼'를 정부가 앞장서서 보급하면서 토종 벼를 되살릴 수 있는 기회를 놓쳤습니다. 이렇게 거의 사라졌던 토종 벼에 대한 관심이 커진 것은 비교적 최근의 일입니다. 경기도 양평군을 중심으로 토종 벼를 복원하고 확산시키는 노력으로 현재는 약 4백여 종의 토종 벼가 복원되었습니다.

쌀에 대한 이야기가 더 깊어지기 전에 다시 맥주 이야기로 돌아오겠습니다. '음미하다'는 토종 쌀 복원을 지속해서 추진하는 데 작은 도움이라도 주고자 만든 맥주입니다. 양평군에서 토종 벼 복원에 앞장섰던 우보농장에서 재배한 토종 쌀을 부재료로 사용합니다. '음미하다'에 들어간 토종 쌀 품종은 조선시대 수도 한양에서 주로 재배해 관이나 궁궐에 올렸던 '한양조'와 이삭이 흑자색을 띠며 북방 지역의 강인한 풍모를 닮은 '북흑조'입니다.

음미하다는 고제 스타일의 사우어 맥주입니다. 유산균 발효를 거쳐 특유의 새콤한 맛이 납니다. 맥주의 특성상 쌀의 향을 온전히 느낄 수는 없습니다. 대신 쌀의 전분을 완전히 당화시켜 맛이 가볍고(드라이) 깔끔합니다. 도정 비율을 낮춘 덕에 살아남은 쌀의 단백질은 부드러운 거품 형성에 도움이 되었습니다. 또한 북흑조의 고유한 붉은색은 맥주에 오렌지빛을 띤 황금색 외관을 입혔습니다. '음미하다'는 토종 쌀을 사용한 품격에 맞춰 다른 재료도 최대한 한국적인 재료를 사용했습니다. '맥주 만드는 농부'에서 재배한 국내산 유기농 홉, 이천의 과일 농장에서 발굴한 효모, 국내산 생강과 유자, 전통 명인의 소금 등 다양한 재료들을 접목했습니다.

다음으로 소개할 국내 쌀 맥주는 브로이하우스 바네하임의 '도담도담'입니다. 서울 공릉동에 위치한 바네하임은 2004년에 설립하여 국내 수제 맥주 초창기에 많은 기여를 한 맥주 양조장입니다. 바네하임의 '도담도담'은 토종 쌀은 아니지만 '도담쌀'이라는 국내산

토종쌀을 이용해 만든 몽트비어의 맥주 음미하다 (사진 출처: 인스타그램 @montbeer_official)

국내산 쌀을 사용해 만든 바네하임의 도담도담 (사진 출처: 인스타그램 @vaneheimbrewery)

쌀을 선택했습니다. 국내산과 토종은 얼핏 비슷해 보이지만 엄연히 다르게 구분합니다. 토종 쌀이 일제강점기 이전부터 한반도에서 재배된 고유의 쌀이라면, 국내산 쌀은 근현대에 와서 우리나라의 기술로 개량된 쌀을 말합니다. 국내산 쌀은 거의 대부분 자포니카 품종을 교배해서 만듭니다. 도담쌀은 2013년 농촌진흥청이 국내산 기능 쌀의 활성화를 위해 개발한 품종입니다.

바네하임은 국내산 쌀의 소비 촉진을 목적으로 쌀 맥주를 만들었습니다. 도담쌀을 선택한 이유는 쌀알이 잘 분쇄되어 가공이 쉬운 연질미이기 때문입니다. 게다가 도담쌀에는 식이섬유가 일반 쌀보다 많아 살을 덜 찌게 할 뿐만 아니라 당뇨에도 효과가 있어 '다이어트용 쌀'이라는 별명도 있습니다. 이렇게 '도담도담'은 건강과 기능적인 측면을 모두 담은 맥주입니다.

도담쌀이 이러한 기능을 하는 이유는 저항성 녹말을 많이 포함하고 있기 때문입니다. 저항성 녹말은 소화에 저항한다고 하여 붙여진 이름입니다. 저항성 녹말은 소화효소에 의해 거의 소화가 되지 않은 채로 대장에 도달하는데, 이것을 장내 세균이 소화하여 인체에 유리한 영향을 주는 물질을 만들어 냅니다.

쌀로 만든 맥주가 대부분 부가물 라거인 것과는 달리 '도담도담'은 에일 맥주입니다. 알코올 도수는 5.4%로 밝은 갈색입니다. 일반적으로 쌀이 맥주의 풍미에 크게 영향을 주지 않는 것이 사실이지만, 도담도담은 쌀의 풍미를 최대한 살리려고 노력했습니다. 낮은 쓴맛과 단맛이 조화롭고 바디감과 질감은 가볍습니다. 김정하 바네하임 대표의 말에 의하면, 쌀을 이용하여 발효하면 알코올의 맛이 부각되는 경향이 있어 여러 번의 실험을 거쳐 쌀의 비율을 30% 이하로 사용했다고 합니다.

쌀을 사용해 만드는 맥주의 공정은 절대 가볍지 않습니다. 우리가 아무 생각 없이 마시는 맥주이지만 그 이면에는 이렇게 엄청난 공로가 숨어 있습니다. 쌀 맥주는 여러 번의 시행착오와 풍부한 양조 경험에서 나온 만큼 우리는 그 결과를 음미하는 것입니다.